举案说法

劳动和社会保险行政处罚典型案例评析

JÜ'AN
SHUOFA

文志东 / 编著

中国法制出版社
CHINA LEGAL PUBLISHING HOUSE

序　言

从2004年12月开始至今，本人从事劳动保障监察执法工作已迈入第16个年头，亲身经历了《劳动保障监察条例》《劳动合同法》《就业促进法》《社会保险法》《女职工特殊劳动保护规定》《带薪年休假条例》等法律、行政法规以及一些部门规章、地方性法规、地方政府规章的颁布与实施。作为一名工作在一线的劳动保障监察员，我深刻体会到近十几年中国劳动保障监察体系建设取得的显著进步，以及劳动保障监察法律制度的建立健全。在此期间，全国构建了部、省、市、县（区）四级劳动保障监察组织网络，建立了一支拥有3200多个监察机构、近2.5万名专职监察员的执法队伍。由此，有了较为健全的制度和强大的组织保障，全国查处了一大批劳动保障违法案件，切实维护了劳动保障法律法规的严肃性和权威性，以及广大劳动者的合法权益和社会的和谐稳定。

如果就劳动保障违法案件分大类的话，我认为主要有两大类：第一类是普通劳动违法案件，如拖欠工资、超时加班等直接侵害劳动者合法权益的违法行为；第二类是社会保险骗保案件，如定点医疗机构骗取医保基金以及参保人骗取工伤、医疗、失业保险待遇等。大量劳动保障违法案件的发生，就其成因分析，共同的原因是用人单位和相关责任人员法制观念淡薄，存在侥幸心理和法不责众的心理。分别而言，对于第一大类违法案件的发生，主要还是企业对劳动保障法律法规特别是新的法律法规不了解或者误解误读。对于第二大类违法案件的发生，我认为，随着《劳动法》1995 年实施，全国逐步建立起劳动合同制度和社会保险制度，社会保险方面的法律法规也随之逐步健全，同时随着劳动者的社会保险权益意识也逐渐增强，以及劳动部门对用人单位参加社会保险的监察执法力度加大，社会保险全覆盖的局面逐步形成，全国各地积累了庞大的社会保险基金，由此，受巨大的经济利益驱动，一些社会保险服务机构、参保人和个人，不惜铤而走险，骗取社会保险基金支出或者社会保险待遇的案件时有发生，甚至在某些地区触目惊心。例如，2018 年 11 月 14 日晚，中央电视台《焦点访谈》栏目曝光了沈阳市两家定点医疗机构骗保事件，随后37名涉案人被当地公安机关刑拘。近几年，我本人查处和审理的社会保险骗保案件近200件，很多时候都是痛心疾首。社保基金是群众的救命钱，欺诈骗保行为既严重损害群众的利益，也对党和政府的形象造成恶劣影响。因此，本书超过三分之一的案例均为骗保案例，笔者也想借此机会引起社会的重视。所幸据我近几年了解的情况，各地人社、公安等部门均加大了社保骗保案件的查处和打击力度。

本书的案例，基本上涵盖了常见的劳动保障违法案件，我希望达到的目的有三：一是通过“以案释法”这种通俗易懂的方式普法，让用人单位和相关人员知法守法，预防和减少劳动违法行为和劳动争议的发生；二是起到警示作用，主要针对社保骗保违法行为，让相关责任人认识到，从国家到地方有素质过硬的监察执法队伍和执法人员，已积累了查处社保骗保案件的丰富经验，不要心存侥幸，否则将面临行政处罚甚至被追究刑事责任的后果；三是让全国广大劳动保障监察员，特别是基层或者刚入行的监察员，通过阅读本书，起到一定参考作用，今后面对类似案件，能够做到心中有数，从容应对。

本书的42个案例，一部分是我亲自查处、审理的案件，一部分是采用了我的同事乃至全国同行的案例，在此，我对我的同事和全国同行表示深深的感谢！在此向有关编著者表示衷心的感谢！

因本人能力有限，加之时间比较仓促，本书肯定存在一些疏漏甚至错误，不当之处，敬请批评指正。

编者
2019 年 6 月

目　录

第一部分　普通劳动监察案例

第二部分　社会保险骗保案例

第一部分 普通劳动监察案例

案例 1

某花卉公司拖欠工资被法院强制执行

一、案情简介

2006 年 12 月，某市劳动保障监察支队接到陈某投诉，称某花卉公司存在拖欠劳动者工资问题。经查，某花卉公司拖欠陈某等 10 名劳动者自 2005 年 1 月至 2006 年 11 月工资。对此，市劳动保障监察支队以市劳动保障局名义依法向该单位下达《劳动保障监察限期改正指令书》，责令限期支付欠薪。该单位在指定期限内提交了劳动者签名的工资发放表以及整改报告，称已将所有欠薪发放到劳动者手中，并保证今后严格按时发放工资。为了确认情况属实，经办监察员向陈某等劳动者进行了核实，均表示已收到欠薪。

2007 年 5 月，陈某等 6 名劳动者再次到市劳动保障监察支队投诉，反映该单位已支付欠薪不属实，真实情况是职工轻信单位的许诺，被骗在工资发放表上签名，该单位不仅未支付欠薪，而且继续拖欠工资至今。经调查属实后，市劳动保障局又依法向该单位下达《劳动保障监察限期改正指令书》，责令其限期支付陈某等 10 名劳动者 2005 年 1 月至 2007 年 4 月工资共计 26.64 万元，但该单位仍拒不执行指令。对此，市劳动保障局根据《劳动合同法》第八十五条之规定，依法作出《行政处理决定书》，限该单位十五日内支付陈某等 10 名劳动者的欠薪 26.64 万元及 13.32 万元的赔偿金。同时，对该单位拒不执行指令和隐瞒事实真相、出具伪证的违法行为分别处以 2 万元的罚款。但该单位逾期仍未履行上述行政处理决定，为此，市劳动保障局依法向人民法院申请强制执行。随后，经人民法院强制执行，该单位支付了所拖欠的全部劳动报酬以及加付的赔偿金。

二、案例评析

劳动报酬权指劳动者为用人单位提供劳动而获得的各种报酬。劳动者一方只要在用人单位安排下按照约定完成一定的工作量，劳动者就有权要求按劳动取得报酬。劳动者通过自己的劳动获得劳动报酬，并将其所获得的劳动报酬用于自己和家人所需要的消费，才能维持和发展自己的劳动力以及供养自己的家人，从而实现劳动力的再生产。劳动报酬不仅是劳动者及其家属有力的生活保障，也是社会对其劳动的承认和评价。

根据劳动保障法律法规规定，用人单位应当按时足额向劳动者支付工资，包含了三层含义：一是用人单位应当按照劳动合同约定和国家规定支付劳动报酬；二是用人单位应当及时支付劳动报酬；三是用人单位应当足额支付劳动报酬。依照劳动合同的约定或者依照劳动法规定支付劳动报酬是用人单位的法定义务，如果没有依法或者依据合同的约定履行这一法定义务，就要承担相应的法律责任。构成拒不支付劳动报酬罪的，还应当追究刑事责任。

未按照劳动合同的约定或者国家规定及时足额支付劳动者劳动报酬的，由劳动行政部门责令限期支付劳动报酬，逾期不支付的，责令用人单位按应付金额百分之五十以上百分之一百以下的标准向劳动者加付赔偿金。

本案是一起典型的拖欠职工工资案，某花卉公司拖欠工资时间之长（共计 28 个月）让人瞠目结舌。该案中，劳动保障监察几乎用尽了法律规定的处理手段，可以说是典型中的典型。某花卉公司违法行为有三：一是拖欠工资；二是拒不执行限期改正指令书；三是隐瞒事实真相、出具伪证。对此，市劳动保障局作出如下处理：一是查实违法行为后，立即下达《劳动保障监察限期改正指令书》责令其限期改正；二是对拒不执行指令的行为依法作出《行政处理决定书》，并加处支付50%的赔偿金；三是对拒不执行指令和出具伪证的违法行为均作出最高额度2万元的行政罚款；四是及时申请人民法院强制执行。此外，因该案发生在2011年5月1日实施的《刑法修正案（八）》（新增罪名“拒不支付劳动报酬罪”）之前，否则，劳动行政部门还应当以该单位及其相关责任人员涉嫌拒不支付劳动报酬罪将该案移送公安机关立案查处，并最终由司法机关追究其刑事责任。

三、法律依据

1. **《劳动法》第五十条**　工资应当以货币形式按月支付给劳动者本人。不得克扣或者无故拖欠劳动者的工资。

2. **《劳动法》第九十一条**　用人单位有下列侵害劳动者合法权益情形之一的，由劳动行政部门责令支付劳动者的工资报酬、经济补偿，并可以责令支付赔偿金：

（一）克扣或者无故拖欠劳动者工资的；

（二）拒不支付劳动者延长工作时间工资报酬的；

（三）低于当地最低工资标准支付劳动者工资的；

（四）解除劳动合同后，未依照本法规定给予劳动者经济补偿的。

3. **《劳动保障监察条例》第二十六条**　用人单位有下列行为之一的，由劳动保障行政部门分别责令限期支付劳动者的工资报酬、劳动者工资低于当地最低工资标准的差额或者解除劳动合同的经济补偿；逾期不支付的，责令用人单位按照应付金额50%以上1倍以下的标准计算，向劳动者加付赔偿金：

（一）克扣或者无故拖欠劳动者工资报酬的；

（二）支付劳动者的工资低于当地最低工资标准的；

（三）解除劳动合同未依法给予劳动者经济补偿的。

4. **《劳动保障监察条例》第三十条**　有下列行为之一的，由劳动保障行政部门责令改正；对有第（一）项、第（二）项或者第（三）项规定的行为的，处2000元以上2万元以下的罚款：

（一）无理抗拒、阻挠劳动保障行政部门依照本条例的规定实施劳动保障监察的；

（二）不按照劳动保障行政部门的要求报送书面材料，隐瞒事实真相，出具伪证或者隐匿、毁灭证据的；

（三）经劳动保障行政部门责令改正拒不改正，或者拒不履行劳动保障行政部门的行政处理决定的；

（四）打击报复举报人、投诉人的。

违反前款规定，构成违反治安管理行为的，由公安机关依法给予治安管理处罚；构成犯罪的，依法追究刑事责任。

5. **《劳动合同法》第三十条**　用人单位应当按照劳动合同约定和国家规定，向劳动者及时足额支付劳动报酬。

用人单位拖欠或者未足额支付劳动报酬的，劳动者可以依法向当地人民法院申请支付令，人民法院应当依法发出支付令。

6. **《劳动合同法》第八十五条**　用人单位有下列情形之一的，由劳动行政部门责令限期支付劳动报酬、加班费或者经济补偿；劳动报酬低于当地最低工资标准的，应当支付其差额部分；逾期不支付的，责令用人单位按应付金额百分之五十以上百分之一百以下的标准向劳动者加付赔偿金：

（一）未按照劳动合同的约定或者国家规定及时足额支付劳动者劳动报酬的；

（二）低于当地最低工资标准支付劳动者工资的；

（三）安排加班不支付加班费的；

（四）解除或者终止劳动合同，未依照本法规定向劳动者支付经济补偿的。

监察员手记：未及时足额支付劳动报酬，即拖欠工资，指用人单位未按照劳动合同约定或国家规定，向劳动者及时足额支付劳动报酬。据不完全统计，拖欠劳动报酬案件占劳动保障监察总案件60%以上。本案是一起典型的拖欠劳动者劳动报酬案件，用人单位在本案中的违法行为如下：拖欠劳动者劳动报酬、隐瞒事实真相作伪证、拒不执行限期改正指令书、拒不履行行政处理决定书。监察员在处理过程中虽有波折，但采取的措施果断、态度鲜明：一是查实违法行为后，立即下达《劳动保障监察限期改正指令书》；二是对拒不执行指令的行为依法作出《行政处理决定书》，并加处支付50%的赔偿金；三是对拒不执行限期改正指令书和出具伪证的违法行为均作出最高额度的行政罚款；四是及时向人民法院申请强制执行。最终该单位全部支付了所拖欠的劳动报酬以及加付的赔偿金。

在此提醒广大用人单位及其负责人，劳动报酬权是劳动者最重要的劳动权益，用人单位应当依法及时足额支付劳动报酬，否则除了有可能承担支付本金50%至100%的赔偿金的民事责任外，还将面临行政处罚，甚至被追究刑事责任。

案例 2

包工头邱某涉嫌拒不支付劳动报酬罪被刑拘

一、案情简介

2015 年 6 月，某市劳动保障监察支队接到投诉，称某建筑公司拖欠刘某等 36 名劳动者工资 80 余万元，市劳动保障监察支队依法对该案立案调查。

经查，包工头邱某从某建筑公司处承包了某新建住宅小区部分水泥工程，工程完工邱某收到全部工程款后，并未支付刘某等 36 名劳动者工资共计 80.50 万元。根据调查情况，市人社局依法向邱某下达了《劳动保障监察限期改正指令书》，责令其限期支付刘某等 36 名劳动者工资，并两次约谈邱某，向其宣传相关法律法规，告知其利害关系，但邱某仍以各种借口加以推诿和拖延，拒不支付拖欠的劳动报酬，最后手机关机，以致无法联系。

鉴于邱某拖欠劳动者劳动报酬数额较大，且经人社部门责令限期支付后，仍拒不支付，其行为已涉嫌构成拒不支付劳动报酬罪。随后，市人社局以涉嫌拒不支付劳动报酬罪将该案移送公安机关处理，同时抄送市人民检察院，要求依法追究邱某刑事责任。

市公安局接收案件后立即立案查处，并迅速将邱某刑事拘留。经审讯，邱某对拖欠劳动者劳动报酬 80 余万元的犯罪事实供认不讳。刑事拘留期间，邱某家人筹措资金解决了全部欠薪。但邱某的行为已经触犯了法律，将面临追究刑责的处罚。

二、案例评析

由于恶意欠薪行为猖獗，多次出现讨薪引发的过激行为，如堵路、跳楼、殴打等，走上了一条不归路，造成了严重后果，不仅侵害了劳动者的合法权益，而且还扰乱了社会秩序。为了加大打击恶意欠薪、损害劳动者合法权益的惩处力度，2011 年 2 月 25 日，第十一届全国人大常委会第十九次会议表决通过的《中华人民共和国刑法修正案（八)》中，增设了“拒不支付劳动报酬罪”，从此欠薪不再仅仅是欠债的民事行为，而是将部分拒不支付劳动报酬的行为纳入了刑法调整范围，欠薪可能将被追究刑事责任。2013 年 1 月 16 日，最高人民法院也发布了《关于审理拒不支付劳动报酬刑事案件适用法律若干问题的解释》，针对拒不支付劳动报酬罪所涉及的术语界定、定罪量刑标准、单位犯罪、不具用工主体资格欠薪等问题，进一步明确了法律适用标准。

拒不支付劳动报酬罪，是指以转移财产、逃匿等方法逃避支付劳动者的劳动报酬或者有能力支付而不支付劳动者的劳动报酬，数额较大，经政府有关部门责令支付仍不支付的行为。需同时满足以下三个构成要件：

1. **以转移财产、逃匿等方法逃避支付劳动者的劳动报酬或者有能力支付而不支付劳动者的劳动报酬；**

2. **数额较大；**

3. **经政府有关部门责令支付仍不支付。**

本案中，某建筑公司将某新建住宅小区部分水泥工程分包给不具备用工主体资格的自然人邱某，由邱某再雇请劳动者进行施工。但经市人社局调查，该建筑公司提交了工程结算单、支付工程款凭证、工资发放表、邱某书面承诺书等证据材料，已充分证明了其向邱某结清全部工程款项，且在结清工程款时，邱某提交了工资发放表及书面承诺，表示其已结清所有劳动者劳动报酬。

也就是说，某建筑公司有充分证据证明其已向不具备用工主体资格的邱某支付了劳动者全部的劳动报酬，但邱某收到工程款后实际并未向劳动者支付劳动报酬，故市人社局根据最高人民法院、最高人民检察院、人力资源和社会保障部、公安部《关于加强涉嫌拒不支付劳动报酬犯罪案件查处衔接工作的通知》（人社部发〔2014〕100号）第一条第（三）项规定，依法向邱某下达了限期改正指令书，责令其支付所拖欠的全部劳动报酬。但邱某经责令限期改正和约谈后，仍拒不支付，并且以电话关机藏匿躲避，无法联系。因此，邱某的行为已涉嫌构成拒不支付劳动报酬罪，市人社局依法将该案移送公安机关，以追究其刑事责任。

三、法律依据

1.**《刑法修正案（八）》四十一、**在刑法第二百七十六条后增加一条，作为第二百七十六条之一："以转移财产、逃匿等方法逃避支付劳动者的劳动报酬或者有能力支付而不支付劳动者的劳动报酬，数额较大，经政府有关部门责令支付仍不支付的，处三年以下有期徒刑或者拘役，并处或者单处罚金；造成严重后果的，处三年以上七年以下有期徒刑，并处罚金。

"单位犯前款罪的，对单位判处罚金，并对其直接负责的主管人员和其他直接责任人员，依照前款的规定处罚。

"有前两款行为，尚未造成严重后果，在提起公诉前支付劳动者的劳动报酬，并依法承担相应赔偿责任的，可以减轻或者免除处罚。"

2.《最高人民法院关于审理拒不支付劳动报酬刑事案件适用法律若干问题的解释》（法释〔2013〕3 号）

第二条　以逃避支付劳动者的劳动报酬为目的，具有下列情形之一的，应当认定为刑法第二百七十六条之一第一款规定的“以转移财产、逃匿等方法逃避支付劳动者的劳动报酬”：

……

（二）逃跑、藏匿的；

第三条　具有下列情形之一的，应当认定为刑法第二百七十六条之一第一款规定的“数额较大”：

……

（二）拒不支付十名以上劳动者的劳动报酬且数额累计在三万元至十万元以上的。

第四条　经人力资源社会保障部门或者政府其他有关部门依法以限期整改指令书、行政处理决定书等文书责令支付劳动者的劳动报酬后，在指定的期限内仍不支付的，应当认定为刑法第二百七十六条之一第一款规定的“经政府有关部门责令支付仍不支付”，但有证据证明行为人有正当理由未知悉责令支付或者未及时支付劳动报酬的除外。

第七条　不具备用工主体资格的单位或者个人，违法用工且拒不支付劳动者的劳动报酬，数额较大，经政府有关部门责令支付仍不支付的，应当依照刑法第二百七十六条之一的规定，以拒不支付劳动报酬罪追究刑事责任。

3. 最高人民法院、最高人民检察院、人力资源和社会保障部、公安部《关于加强涉嫌拒不支付劳动报酬犯罪案件查处衔接工作的通知》（人社部发〔2014〕100号）

一、切实加强涉嫌拒不支付劳动报酬违法犯罪案件查处工作

（三）企业将工程或业务分包、转包给不具备用工主体资格的单位或个人，该单位或个人违法招用劳动者不支付劳动报酬的，人力资源社会保障部门应向具备用工主体资格的企业下达限期整改指令书或行政处罚决定书，责令该企业限期支付劳动者劳动报酬。对于该企业有充分证据证明已向不具备用工主体资格的单位或个人支付了劳动者全部的劳动报酬，该单位或个人仍未向劳动者支付的，应向不具备用工主体资格的单位或个人下达限期整改指令书或行政处理决定书，并要求企业监督该单位或个人向劳动者发放到位。

监察员手记：因层层分包的客观存在，建设施工领域一直是拖欠劳动者劳动报酬的高发地带，对此，应该标本兼治，方能杜绝欠薪的发生。一是建设、交通、水利等行政主管部门，应花大力气解决建设施工领域层层分包的问题，督促企业直接用工；二是作为建筑施工企业应遵守《建筑法》及相关规定，杜绝层层分包，逐步减少包工头的存在，在过渡期间，应当直接向包工头所属工人发放工资，如果暂时做不到直接发放，也应要求包工头提供工资发放表、已结清工资的书面承诺书等证据材料，一旦出现包工头拖欠所属工人工资的现象，可将相关证据材料提交劳动行政部门，依法追究包工头的法律责任；三是特别提醒包工头，若施工单位已支付其工程款，但其未向所属工人支付相应工资，经劳动行政部门责令改正仍不改正的，将由司法机关追究其刑事责任。

案例 3

某汽车销售公司因欠薪被列入拖欠工资“黑名单”

一、案情简介

2018 年 3 月 23 日，异地务工人员杨某某等 14 名劳动者到某区劳动保障监察大队投诉，反映某汽车销售公司拖欠工资。区劳动保障监察大队当场受理其投诉并立案调查。

经查，某汽车销售公司已于 2018 年 2 月 28 日停业，拖欠杨某某等 16 名劳动者 2018 年 1 月、2 月工资共计 130743.95 元。法定代表人刘某某逃匿。2018 年 4 月 5 日，区劳动保障监察大队以区人社局名义向该单位下达《劳动保障监察限期改正指令书》，但该单位逾期未履行。2018 年 4 月 11 日，区人社局以涉嫌拒不支付劳动报酬罪将该案移送公安机关处理。4 月 14 日，区公安局对该案立案侦查。随后，区人社局根据人社部《拖欠农民工工资“黑名单”管理暂行办法》及有关规定，将该汽车销售公司列入拖欠工资“黑名单”。

二、案例评析

建立拖欠农民工工资“黑名单”管理制度是加强劳动保障监察、建设社会信用体系的基础性、制度性工作。国家高度重视农民工工资支付保障工作，各级人社行政部门通过积极开展多种形式的劳动保障监察执法活动，不断加大执法力度，依法保障广大农民工的劳动报酬权益。但是，近年来，受经济增长下行压力增大等因素影响，拖欠农民工工资问题仍是当前劳动保障领域的突出矛盾，一些地区因讨薪引发的群体性、突发性事件频发，影响劳动关系和谐和社会稳定发展。党中央国务院领导对此高度重视，出台了一系列文件进一步强调要加快建立拖欠工资黑名单制度、加大违法失信行为惩戒力度。为促进解决拖欠农民工工资问题，2017 年 12 月，人社部出台了《拖欠农民工工资“黑名单”管理暂行办法》（以下简称《办法》）。该《办法》的核心内容就是明确纳入拖欠工资“黑名单”的标准以及哪些情形将被纳入黑名单。

用人单位克扣、无故拖欠农民工工资报酬，数额达到认定拒不支付劳动报酬罪数额标准的或者因拖欠农民工工资违法行为引发群体性事件、极端事件造成严重不良社会影响的，人社部门应当自查处违法行为并作出行政处理或处罚决定之日起 20 个工作日内，按照管辖权限将其列入拖欠工资“黑名单”。

将劳务违法分包、转包给不具备用工主体资格的组织和个人造成拖欠农民工工资且符合前款规定情形的，应将违法分包、转包单位及不具备用工主体资格的组织和个人一并列入拖欠工资“黑名单”。

拖欠农民工工资“黑名单”管理制度是社会诚信体系制度建设的一部分，用人单位被列入“黑名单”，意味着其不仅要受到人社行政部门对其违法行为的行政处理或行政处罚，还要面临列入“黑名单”期间的联合惩戒措施和社会信用评价降低。根据《办法》第八条规定，用人单位在列“黑名单”期间，由相关部门在各自职责范围内依法依规实施联合惩戒，在政府资金支持、政府采购、招投标、生产许可、资质审核、融资贷款、市场准入、税收优惠、评优评先等方面予以限制。此外，用人单位在列“黑名单”期间，其社会信誉将会受到贬损评价，直接影响到其生产经营及其他社会活动。政府部门通过“黑名单”管理制度，让违法失信用人单位“一处违法、处处受限”，联合各部门在全社会形成惩戒合力，提高用人单位违法成本，使得用人单位形成不敢违法、不愿违法的自觉意识。

本案中，某汽车销售公司停业，拖欠劳动者工资，法定代表人刘某某逃匿。区人社局依法向该单位下达《劳动保障监察限期改正指令书》，但逾期未履行。随后，区人社局以涉嫌拒不支付劳动报酬罪将该案移送公安机关立案侦查。此外，区人社局根据人社部《拖欠农民工工资“黑名单”管理暂行办法》及有关规定，将该汽车销售公司列入拖欠工资“黑名单”。由此，该公司及其法定代表人刘某某除了面临被追究刑事责任之外，还要面临列入“黑名单”期间的联合惩戒措施和社会信用评价降低，将直接影响今后的生产经营及其他社会活动。

三、法律依据

1. **《拖欠农民工工资“黑名单”管理暂行办法》第五条**　用人单位存在下列情形之一的，人力资源社会保障行政部门应当自查处违法行为并作出行政处理或处罚决定之日起20个工作日内，按照管辖权限将其列入拖欠工资“黑名单”。

（一）克扣、无故拖欠农民工工资报酬，数额达到认定拒不支付劳动报酬罪数额标准的；

（二）因拖欠农民工工资违法行为引发群体性事件、极端事件造成严重不良社会影响的。

将劳务违法分包、转包给不具备用工主体资格的组织和个人造成拖欠农民工工资且符合前款规定情形的，应将违法分包、转包单位及不具备用工主体资格的组织和个人一并列入拖欠工资“黑名单”。

2.《拖欠农民工工资“黑名单”管理暂行办法》第六条　人力资源社会保障行政部门将用人单位列入拖欠工资“黑名单”的，应当提前书面告知，听取其陈述和申辩意见。核准无误的，应当作出列入决定。

列入决定应当列明用人单位名称及其法定代表人、其他责任人姓名、统一社会信用代码、列入日期、列入事由、权利救济期限和途径、作出决定机关等。

3.《拖欠农民工工资“黑名单”管理暂行办法》第七条　人力资源社会保障行政部门应当按照有关规定，将拖欠工资“黑名单”信息通过部门门户网站、“信用中国”网站、国家企业信用信息公示系统等予以公示。

4.《拖欠农民工工资“黑名单”管理暂行办法》第八条　人力资源社会保障行政部门应当按照有关规定，将拖欠工资“黑名单”信息纳入当地和全国信用信息共享平台，由相关部门在各自职责范围内依法依规实施联合惩戒，在政府资金支持、政府采购、招投标、生产许可、资质审核、融资贷款、市场准入、税收优惠、评优评先等方面予以限制。

5.《广东省工资支付条例》（2016 年 9 月修订）第四十五条　人力资源社会保障部门应当建立健全包括工资支付情况在内的用人单位劳动守法诚信档案，推行劳动守法诚信评价制度；建立拖欠、克扣工资单位黑名单制度，对拖欠、克扣劳动者工资情况严重的用人单位，通过传播媒体或者在职业介绍场所、用人单位工作场所等地点予以公布，并将有关情况向人民银行分支机构、工商、住房城乡建设、交通运输、水利、发展改革、经济信息化、财政等有关部门和单位通报。

被列入拖欠、克扣工资黑名单的用人单位，其失信记录纳入人民银行企业征信系统、企业信用信息公示系统以及行业诚信信息平台；属于政府投资工程项目的，同时纳入政府工程项目投资审批系统。有关部门在政府资金支持、政府采购、招投标、生产许可、履约担保、资质审核、融资贷款、市场准入、评优评先等方面，应当对其予以严格限制。

监察员手记：在监察执法中发现，一些即将或已经关停倒闭的中小企业主发生拖欠工资等违法行为，对劳动行政部门的处理、处罚拒不履行，抱着大不了关门走人，重新再注册企业经营的想法，行政部门对此大多也无能为力。建立拖欠农民工工资支付黑名单管理制度，是对违法失信用人单位行政处理或者行政处罚的有力补充，是行政部门执法效果的放大器，将进一步加强劳动保障监察执法效果。同时，“黑名单”管理制度的建立运行，有利于通过多部门联合惩戒和社会信用体系评价，使得用人单位“一处违法、处处受限”，震慑和警示用人单位规范用工行为，让其形成“不敢违法、不愿违法”的自觉守法意识，督促用人单位遵守劳动保障法律规定，规范用工行为，推动在全社会范围内建设和谐有序、良性发展的用工环境。

案例4

未实行用工实名管理和工资支付专户管理制度被行政处罚

一、案情简介

2017年6月，广东省某市劳动保障监察支队在对某建筑公司一在建项目工资支付情况开展日常巡查中，发现该项目未实行用工实名管理和工资支付专户管理制度。为此，当场向该公司下达《劳动保障监察限期改正指令书》，责令其限期整改，但该公司逾期未整改。对此，该市人社局依法向该公司发出《拟作出行政处罚告知书》，告知拟对其未实行用工实名管理、工资支付专户管理制度，责令限期改正而逾期不改正的违法行为，处以八万元的罚款。至此，该公司才认识到违法行为的严重性，按要求在该项目实行实名制管理和工资支付专户制度。为了维护劳动保障法律法规的严肃性和权威性，虽然该公司最后进行了整改，仍应当对其予以惩戒。最终，市人社局对该公司处以罚款五万元。

二、案例评析

针对建设工程欠工资频发，不时出现集体讨薪的现象，广东省以法规进行遏制。2016 年 9 月修订的《广东省工资支付条例》重点对建设工程领域的用工和工资支付管理等作出规范，保障建设工程工人的合法权益。首先，明确要求建立用工实名管理制度，对建设工程领域实行用工实名管理以及建立进出场登记制度和用工管理台账等作出规定。其次，实行工资支付专户管理制度，对建设工程领域实行工资支付专户管理，人工费和工程款分账管理、按时足额拨付，以及专户资金管理等作出规定。最后，明确违法违规的法律责任，对未实行用工实名管理、工资支付专户管理的，设置相应的法律责任。

施工总承包单位、分包单位违反本条例规定，未实行用工实名管理、工资支付专户管理等制度的，由人力资源社会保障部门责令限期改正；逾期不改正的，处以五万元以上十万元以下的罚款。

本案中，市劳动保障监察支队在日常巡查中发现，某建筑公司在一在建项目中未实行用工实名管理和工资支付专户管理制度。违反了《广东省工资支付条例》第三十二条、第三十三条之规定，根据该条例第五十五条之规定，当场向该公司下达《劳动保障监察限期改正指令书》，责令其限期整改，但该公司逾期未整改。对此，根据该条例第五十五条之规定，该市人社局依法向该公司发出《拟作出行政处罚告知书》，告知拟对其未实行用工实名管理、工资支付专户管理制度，责令限期改正而逾期不改正的违法行为，处以八万元的罚款。至此，该公司才认识到违法行为的严重性，按要求在该项目实行实名制管理和工资支付专户制度。为了维护劳动保障法律法规的严肃性和权威性，同时为了警示用人单位规范用工行为，虽然该公司最后进行了整改，仍应当对其予以惩戒。最终，市人社局对该公司处以罚款五万元。

三、法律依据

1.《广东省工资支付条例》（2016年9月修订）第三十二条

建设工程领域实行用工实名管理制度。施工总承包单位应当建立施工人员进出场登记制度，加强对分包单位劳动用工和工资发放的监督管理。施工总承包单位、分包单位应当建立用工管理台账，并保存至工程竣工且工资全部结清后至少两年。

2.《广东省工资支付条例》（2016年9月修订）第三十三条

建设工程领域劳动者工资支付实行专户管理制度，施工总承包单位和分包单位应当将建设项目工程款中的劳动者工资与其他款项分开银行账户管理。工资支付专用账户内的资金除发放工资外，不得用于其他用途，不得提取现金。

建设单位与施工总承包单位、施工总承包单位与分包单位签订工程承包合同时，应当对工程款中的人工费比例和支付期限作出明确约定，建设单位应当按照合同约定的比例按月将应付工程款中的人工费单独足额拨付到施工总承包单位开设的工资支付专用账户；施工总承包单位应当按照合同约定的比例按月将应付工程款中的人工费单独足额拨付到分包单位开设的工资支付专用账户。

工资支付专用账户内资金少于应发劳动者工资总额的，开户单位应当按时补足。工程竣工且工资全部结清后，工资支付专用账户可以注销，账户内余额归开户单位所有。

3.《广东省工资支付条例》（2016 年 9 月修订）第三十五条 对建设资金来源不落实的政府投资工程项目不予批准。

建设单位申请施工许可证时，应当提供工资支付专用账户的开立等建设资金落实情况。负责建设项目审批的部门应当将工资支付专用账户的开立作为建设资金落实的具体要求进行审查，不符合法定条件的，不予颁发施工许可证。

4.《广东省工资支付条例》（2016 年 9 月修订）第五十五条 施工总承包单位、分包单位违反本条例规定，未实行用工实名管理、工资支付专户管理等制度的，由人力资源社会保障部门责令限期改正；逾期不改正的，处以五万元以上十万元以下的罚款。

监察员手记：2016 年修订的《广东省工资支付条例》从源头强化落实建设资金，明确规定建设单位申请施工许可证时，应当提供工资支付专用账户的开立等建设资金落实情况；对政府投资工程项目未落实建设资金来源的，规定依法不予批准。对此，关键的关键，是建设、水利、交通等行政主管部门，应当对施工许可进行严格审批，方能从源头上根治因拖欠工程款引发拖欠工人工资的情况的发生。

案例 5

未依法建立职工名册被责令整改

一、案情简介

2010 年 8 月，某市劳动保障监察支队在对该市某电子有限公司进行日常巡查时，发现该公司建立的职工名册只包括了姓名、性别、身份证号码三项内容。对此，市劳动保障监察支队以市人社局名义向该公司下达《劳动保障监察限期改正指令书》，责令其限期建立规范的职工名册。但该公司逾期未改正，辩解已建立了职工名册，建立包括什么内容的名册应由企业自己做主，算不上什么违法行为。鉴于此，经办监察员约谈该公司负责人，向其宣传劳动合同法关于用人单位应当规范建立职工名册的相关规定，但其负责人仍拒绝整改。对此，该市人社局依法向该公司发出《拟作出行政处罚告知书》，告知拟对其违反劳动合同法有关建立职工名册规定，经责令改正逾期不改正的违法行为处以 10000 元的罚款。至此，该公司才认识到违法行为的严重性，按要求建立了职工名册。为了维护劳动保障法律法规的严肃性和权威性，虽然该公司最后进行了整改，仍应当对其予以惩戒。最终，市人社局对该公司处以罚款 5000 元。

二、案例评析

我国改革开放以来，特别是 1995 年《劳动法》颁布实施，原来传统的计划经济体制下行政分配式的劳动用工制度被打破，并逐步建立起了与社会主义市场经济体制相适应的用人单位自主用工、劳动者自主择业的劳动用工制度，通过劳动合同制度来规范用人单位与劳动者之间的劳动关系。但是，在市场主体和利益关系的多元化，企业所有制形式和就业形式的多样化的过程中，特别是在“强资本、弱劳动”的格局下，用人单位自主用工的行为也带来了一些新问题，如一些用人单位为规避对职工的义务，故意不与职工签订劳动合同，发生争议时，拒不承认与职工业已存在的劳动关系；有的用人单位劳动用工管理混乱，发生职工因工伤亡事故后，对伤亡职工的姓名、家庭住址等基本情况一概不知等。同时，劳动部门对劳动用工管理采取计划手段的方式已不适应市场经济发展，但又尚未建立行之有效的管理手段，对劳动用工总体情况不掌握，缺乏对用人单位劳动用工的监管，不利于保护劳动者合法权益。因此，为从源头上规范用工行为，保护职工合法权益，劳动合同法新增加了用人单位建立职工名册的法定义务，其目的有二：一是便于证明劳动关系存在；二是有利于劳动行政部门加强劳动用工的监管。

在实践中，一些规模较大、用工较为规范的用人单位都会建立职工名册，但也有一些企业没有建立职工名册，有的企业虽建立职工名册，但内容流于形式，无法应对劳动合同法提出的要求。因此，劳动合同法实施条例从劳动用工管理和劳动行政部门监管两方面的需要考虑，明确了职工名册必须具备的基本内容，即职工名册应当包括劳动者姓名、性别、公民身份号码、户籍地址及现住址、联系方式、用工形式、用工起始时间、劳动合同期限等内容。当然，作为用人单位，并不限于这些内容，在此基础上，可以根据自身管理需要增加其他有关内容。同时，劳动合同法实施条例明确规定了不依法建立职工名册的法律责任。

用人单位违反劳动合同法有关建立职工名册规定的，由劳动行

政部门责令限期改正；逾期不改正的，由劳动行政部门处 2000 元以上 2 万元以下的罚款。

本案中，该电子公司虽然建立了职工名册，但其只包括了姓名、性别、身份证号码三项内容，未按照《劳动合同法实施条例》之规定，职工名册应当包括劳动者姓名、性别、公民身份号码、户籍地址及现住址、联系方式、用工形式、用工起始时间、劳动合同期限等内容。为此，根据《劳动合同法实施条例》第八条、第三十三条之规定，该市人社局依法向其下达《劳动保障监察限期改正指令书》，责令其限期建立规范的职工名册。但该公司逾期未改正，认为自己已建立了职工名册，建立包括什么内容的名册应由企业自己做主，算不上什么违法行为。鉴于此，经办监察员约谈该公司负责人，向其宣传劳动合同法关于用人单位应当规范建立职工名册的相关规定，但其负责人仍拒绝整改。对此，该市人社局依法向该公司发出《拟作出行政处罚告知书》，告知拟对其违反劳动合同法有关建立职工名册规定，经责令改正逾期不改正的违法行为处以 10000 元的罚款。至此，该公司才认识到违法行为的严重性，按要求建立了职工名册。为了维护劳动保障法律法规的严肃性和权威性，虽然该公司最后进行了整改，仍应当对其予以惩戒。最终，市人社局对该公司处以罚款 5000 元。

三、法律依据

1. **《劳动合同法》第七条**　用人单位自用工之日起即与劳动者建立劳动关系。用人单位应当建立职工名册备查。

2. **《劳动合同法实施条例》第八条**　劳动合同法第七条规定的职工名册，应当包括劳动者姓名、性别、公民身份号码、户籍地址及现住址、联系方式、用工形式、用工起始时间、劳动合同期限等内容。

3.《劳动合同法实施条例》第三十三条　用人单位违反劳动合同法有关建立职工名册规定的，由劳动行政部门责令限期改正；逾期不改正的，由劳动行政部门处2000元以上2万元以下的罚款。

监察员手记：用人单位应当建立健全包括职工名册、入职登记、工资支付台账、考勤记录等在内的用工管理台账，这样有利于劳动行政部门加强用工监管，发生劳动争议或劳动违法行为以后能够及时查清案情，并依法作出处理。因此，劳动合同法新增的用人单位建立职工名册的法定义务，用人单位必须遵守，否则，将面临行政处罚。

案例6

未与员工订立书面劳动合同被责令支付双倍工资

一、案情简介

2008年3月6日，某市劳动保障监察支队接到闻某投诉，反映某酒店超过一个月不与其订立书面劳动合同，要求该酒店按照劳动合同法的规定，向其支付一个月工资的赔偿金。

经查，闻某于2008年1月5日入职该酒店，3月4日申请辞职并于当日离职。该酒店由于用工管理不规范，未在一个月内与闻某订立书面劳动合同。调查核实后，某市劳动保障监察支队以该市劳动保障局名义依法向该酒店下达《劳动保障监察限期改正指令书》，责令限期向闻某支付2008年2月5日至3月4日期间的双倍工资。该酒店按期执行指令，结清了闻某的工资和赔偿金共计2480元。

二、案例评析

劳动合同是劳动者与用人单位确立劳动关系、明确双方权利义务的协议。合同有口头与书面之分，劳动合同在理论上也有口头与书面之分。1995 年 1 月 1 日施行的《劳动法》（2018 年修订版）明确规定应当签订书面劳动合同，但该法未对用人单位不与劳动者签订书面合同的法律责任做出规定，导致在实践中书面合同签订率偏低的现状。而口头劳动合同内容难以固定，容易产生争议。书面合同不仅能够证明劳动关系的存在，而且清楚地记载劳动合同双方的权利义务，在发生劳动争议时，可以作为主要证据使用，有利于纠纷的解决，也便于劳动行政部门监察执法等。因此，《劳动合同法》（2012 年修订版）明确规定建立劳动关系，应当订立书面劳动合同，该规定实际上否定了口头劳动合同的法律效力，明确了书面劳动合同是劳动合同唯一合法形式。另外，为了保持劳动关系的相对稳定，劳动合同法明确规定三种情形下，用人单位应当与劳动者签订无固定期限劳动合同。

但是，在实践中，用人单位与劳动者订立书面劳动合同需要一定的周期，特别是招用大批劳动者时，很难做到一经建立劳动关系就立即订立书面劳动合同，因此，劳动合同法规定，对于已建立劳动关系，未同时订立书面劳动合同的，给予 1 个月的宽限期。

用人单位自用工之日起超过一个月不满一年未与劳动者订立书面劳动合同的，应当向劳动者每月支付二倍的工资。用人单位违反本法规定不与劳动者订立无固定期限劳动合同的，自应当订立无固定期限劳动合同之日起向劳动者每月支付二倍的工资。用人单位未支付双倍工资的，劳动行政部门应当责令用人单位支付。

劳动合同法为了更好地保护劳动者的合法权益，对于用人单位自用工之日起超过1个月不满1年不与劳动者订立书面劳动合同的，以及用人单位违反规定不与劳动者订立无固定期限劳动合同的违法行为，规定了一种惩罚性的民事赔偿责任，即应向劳动者支付二倍的月工资。这样一个惩罚性的赔偿制度，用于惩罚用人单位的违法行为，同时也是督促用人单位尽快依法与劳动者签订劳动合同，从而保护作为弱势一方的劳动者的合法权益，维护劳动关系的和谐稳定。

对于涉及的二倍工资或者赔偿金的法律责任能否通过劳动保障监察途径实现，劳动合同法未做出明确规定。随后，劳动合同法实施条例对此作出明确规定，即对于上述违法行为，劳动行政部门要依法查处，发现用人单位未依法支付二倍工资或赔偿金的，应当依法责令用人单位限期支付。即对于二倍工资或者赔偿金，劳动者既可以通过劳动争议途径处理，也可以通过向劳动行政部门投诉，要求行政部门依法查处和纠正用人单位的违法行为，维护自身合法权益。

本案中，劳动合同法实施仅2个月，闻某即运用新法维护自己的劳动权益，表明了新法宣传效果明显，以及职工维权意识增强；同时，也是对劳动保障监察的考验。首先，新法并没有明确规定用人单位未按规定向劳动者每月支付双倍工资是否由劳动行政部门责令改正；其次，新法也未明确规定支付额外一倍的工资的标准是指正常工作时间工资还是应发工资（包括加班费等）；最后，新法刚实施就责令用人单位支付双倍工资，可能承受较大压力。在此情况下，劳动保障监察执法人员根据新法立法目的和原则，确认责令用人单位支付双倍工资属于劳动保障监察职权范围，并确认支付额外一倍工资的标准是职工当月的正常工作时间工资。上述两点与后来出台的劳动合同法实施条例的规定基本一致。本案体现了监察执法人员较高的执法素养和坚决贯彻实施劳动合同法的决心。

三、法律依据

1. **《劳动合同法》第十条**　建立劳动关系，应当订立书面劳动合同。

已建立劳动关系，未同时订立书面劳动合同的，应当自用工之日起一个月内订立书面劳动合同。

用人单位与劳动者在用工前订立劳动合同的，劳动关系自用工之日起建立。

2. **《劳动合同法》第十四条**　无固定期限劳动合同，是指用人单位与劳动者约定无确定终止时间的劳动合同。

用人单位与劳动者协商一致，可以订立无固定期限劳动合同。有下列情形之一，劳动者提出或者同意续订、订立劳动合同的，除劳动者提出订立固定期限劳动合同外，应当订立无固定期限劳动合同：

（一）劳动者在该用人单位连续工作满十年的；

（二）用人单位初次实行劳动合同制度或者国有企业改制重新订立劳动合同时，劳动者在该用人单位连续工作满十年且距法定退休年龄不足十年的；

（三）连续订立二次固定期限劳动合同，且劳动者没有本法第三十九条和第四十条第一项、第二项规定的情形，续订劳动合同的。

用人单位自用工之日起满一年不与劳动者订立书面劳动合同的，视为用人单位与劳动者已订立无固定期限劳动合同。

3. **《劳动合同法》第八十二条**　用人单位自用工之日起超过一个月不满一年未与劳动者订立书面劳动合同的，应当向劳动者每月支付二倍的工资。

用人单位违反本法规定不与劳动者订立无固定期限劳动合同的，自应当订立无固定期限劳动合同之日起向劳动者每月支付二倍的工资。

4. **《劳动合同法实施条例》第三十四条** 用人单位依照劳动合同法的规定应当向劳动者每月支付两倍的工资或者应当向劳动者支付赔偿金而未支付的，劳动行政部门应当责令用人单位支付。

监察员手记：根据劳动合同法及其实施条例的规定，劳动者主张因用人单位未订立劳动合同双倍工资的途径有二：一是申请劳动争议仲裁；二是向劳动保障监察机构投诉。而对于后者，实践中很多用人单位不知晓劳动者可以通过劳动保障监察途径实现，由此，在监察执法中可能出现不配合调查处理的情况，对此，一方面，劳动保障监察在个案处理中一定要严格执法，做好以案释法；另一方面，应加大劳动合同法等劳动保障法律法规的社会宣传力度，让用人单位知法守法，让劳动者依法运用法律武器维护自己的合法权益。

案例 7

违法约定试用期被责令向劳动者支付赔偿金

一、案情简介

2012 年 8 月 20 日，某市劳动保障监察支队接到胡某某投诉，反映某骨伤医院违法约定试用期，要求该单位依法向其支付赔偿金和补发工资。

经查，胡某某于2008年6月1日到某骨伤医院工作，同日，双方签订三年期限劳动合同并约定了三个月的试用期，2009年8月31日胡某某辞职离开该单位。2011年9月10日，胡某某再次应聘到该单位工作，同日，双方又签订三年期限劳动，并再次约定试用期为三个月，即试用期自2011年9月10日至2011年12月9日止，约定试用期工资每月2500元，试用期满工资每月3000元。因胡某某多次与同事在工作场所发生口角进而打架斗殴，2012年8月4日，该单位以胡某某严重违反规章制度为由与其解除劳动合同。胡某某要求对其支付经济补偿金未果，遂向某市劳动保障监察支队投诉，以该单位违反“同一用人单位与同一劳动者只能约定一次试用期”且“违法约定的试用期已经履行”为由，要求该单位以其试用期满月工资为标准，向其支付三个月工资的赔偿金，以及按照试用期满工资补足违法约定的三个月试用期的工资。

调查核实后，某市劳动保障监察支队向该单位宣传劳动合同法关于试用期的相关规定，胡某某投诉请求事项符合劳动合同法的规定，该单位应当依法支付赔偿金和补发工资。随后，某市劳动保障监察支队以市人社局名义向该单位下达《劳动保障监察限期改正指令书》，责令其在限定期限内依法向胡某某支付赔偿金和按试用期满工资补足三个月工资的差额部分。该医院按期执行指令，向胡某某支付赔偿金9000元，以及按试用期满工资补足三个月工资的差额部分1500元，两项合计10500元。

二、案例评析

试用期是指用人单位对新招收职工的思想品德、劳动态度、实际工作能力、身体情况等进行进一步考察的时间期限。在劳动合同中约定试用期，一方面，可以维护用人单位的利益，为每个工作岗位找到合适的劳动者，试用期就是供用人单位考察劳动者是否适合其工作岗位的一项制度，给企业考察劳动者是否与录用要求相一致的时间，避免用人单位遭受不必要的损失；另一方面，可以维护新招收职工的利益，使被录用的职工有时间考察了解用人单位的工作内容、劳动条件、劳动报酬等是否符合劳动合同的规定。在劳动合同中规定试用期，既是订立劳动合同双方当事人的权利与义务，同时也为劳动合同其他条款的履行提供了保障。

但是，在实践中，用人单位在用工过程中滥用试用期侵犯劳动者权益的现象比较普遍，主要表现在约定试用期过长、在同一用人单位多次约定试用期、试用期给付劳动者的工资待遇低等。对此，劳动合同法作出了有针对性的规定：一是限定能够约定试用期的固定期限劳动合同的最短期限；二是同一用人单位与同一劳动者只能约定一次试用期；三是以完成一定工作任务为期限的劳动合同或者劳动合同期限不满三个月的，不得约定试用期；四是试用期工资不得低于本单位相同岗位最低档工资或者劳动合同约定工资的 80% 等。同时，明确规定了用人单位违反劳动合同法规定与劳动者约定试用期的法律责任。

用人单位违反劳动合同法规定与劳动者约定试用期的，由劳动行政部门责令改正；违法约定的试用期已经履行的，由用人单位以劳动者试用期满月工资为标准，按已经履行的超过法定试用期的期间向劳动者支付赔偿金。

本案中，胡某某于 2008 年 6 月到某骨伤医院工作，该单位与其签订的劳动合同约定了三个月的试用期，且胡某某已履行了此次试用期。胡某某又于 2011 年 9 月再次应聘到该单位工作，该单位再次与其约定了三个月的试用期，该约定违反了劳动合同法“同一用人单位与劳动者只能约定一次试用期”之规定。同时，因胡某某对违法约定的三个月试用期已经履行，根据劳动合同法规定，该单位应以胡某某试用期满月工资 3000 元为标准，按已经履行的违法约定的试用期的期间向胡某某支付赔偿金 3000 元 ×3 =9000 元。此外，该单位支付胡某某的赔偿金不能代替正常的劳动报酬，胡某某第二次应聘到该单位工作，因依法不应当约定试用期，应按照劳动合同约定的试用期满后的工资标准支付违法约定的三个月试用期的工资，鉴于该单位与胡某某第二次签订的劳动合同约定的试用期工资为 2500 元，试用期满工资为 3000 元，因此，该单位还应按试用期满工资补足三个月工资的差额部分 500 元 ×3 =1500 元，上述两项合计 10500 元。劳动合同法对于涉及用人单位赔偿金的法律责任能否通过劳动保障监察途径实现未做出明确规定，但随后实施的劳动合同法实施条例对此进一步予以明确，即对于上述违法行为，劳动行政部门要依法查处，发现用人单位未依法支付赔偿金的，应当依法责令其限期支付。据此，某市劳动保障监察支队以该市人社局的名义向该单位下达《劳动保障监察限期改正指令书》，责令其限期支付赔偿金和补足工资差额部分。该单位在限定期限内执行指令，向胡某某支付了赔偿金和工资共计 10500 元。

三、法律依据

1.**《劳动合同法》第十九条** 劳动合同期限三个月以上不满一年的，试用期不得超过一个月；劳动合同期限一年以上不满三年的，试用期不得超过二个月；三年以上固定期限和无固定期限的劳动合同，试用期不得超过六个月。

同一用人单位与同一劳动者只能约定一次试用期。

以完成一定工作任务为期限的劳动合同或者劳动合同期限不满三个月的，不得约定试用期。

试用期包含在劳动合同期限内。劳动合同仅约定试用期的，试用期不成立，该期限为劳动合同期限。

2. **《劳动合同法》第二十条** 劳动者在试用期的工资不得低于本单位相同岗位最低档工资或者劳动合同约定工资的百分之八十，并不得低于用人单位所在地的最低工资标准。

3. **《劳动合同法》第八十三条** 用人单位违反本法规定与劳动者约定试用期的，由劳动行政部门责令改正；违法约定的试用期已经履行的，由用人单位以劳动者试用期满月工资为标准，按已经履行的超过法定试用期的期间向劳动者支付赔偿金。

4. **《劳动合同法实施条例》第三十四条** 用人单位依照劳动合同法的规定应当向劳动者每月支付两倍的工资或者应当向劳动者支付赔偿金而未支付的，劳动行政部门应当责令用人单位支付。

监察员手记：在劳动合同中约定试用期，其本意是维护用人单位和新招用劳动者双方的利益，但是因劳动法对试用期未作限制性规定，加之用人单位一般处于强势地位，实践中，用人单位滥用试用期侵害劳动者权益的现象比较普通，对此，劳动合同法实施以前，因无法律依据，劳动者也难以通过劳动争议仲裁或者劳动保障监察的途径维护自身的合法权益。2008 年实施的劳动合同法及其实施条例，对用人单位使用试用期作出了限制性规定，以及明确规定用人单位约定试用期情况属于劳动行政部门监察执法的事项。由此，劳动保障监察有法可依，有利于维护劳动者的合法权益和劳资关系的和谐稳定。对此，用人单位应学法守法，否则，如果违反试用期的规定，就不仅仅是劳动争议，还是劳动保障违法行为，除被责令支付赔偿金和补发工资差额部分外，对拒不改正的，还将面临行政处罚。

案例 8

未按规定给予年休假工资报酬被责令加付赔偿金

一、案情简介

2016 年 2 月，某市劳动保障监察支队接到钱某投诉，称某科技公司未按规定安排其休年休假又不依法给予年休假工资报酬。市劳动保障监察支队当场受理其投诉。

经查，钱某于 2013 年 2 月 1 日入职该科技公司，任研发部经理。双方签订 3 年期限劳动合同，合同期限为 2013 年 2 月 1 日至 2016 年 1 月 31 日。钱某入职前，该公司出台的《考勤与休假制度》规定：根据职工在本公司的工作年限，已满 1 年不满 10 年的，年休假 5 天；已满 10 年不满 20 年的，年休假 10 天；已满 20 年的，年休假 15 天。对于该规章制度，公司要求钱某入职时予以签收并书面承诺遵守该制度。在这三年时间，钱某工作特别繁忙，总共只休了带薪年休假 5 天。合同期满后，钱某决定不与公司续签而终止了劳动合同，随后，要求该公司依法支付其未休年休假的工资报酬。钱某向该公司提出其《考勤与休假制度》违反法律法规规定是无效的，应按累计工作年限计算带薪年休假天数，对此，钱某向公司提交了入职以前已有 10 年工作年限的证明材料，明确要求公司应依法补发 3 年共计 25 天（已休了 5 天）的未休年休假的工资报酬。而公司对此不接受，表示钱某已签收并书面承诺遵守《考勤与休假制度》，因此只同意补发 3 年共计 10 天（已休 5 天）的未休年休假的工资报酬。钱某对此不能接受，遂向劳动部门投诉。

调查核实上述情况后，经办监察员向该公司宣传相关法律法规，告知应按照《职工带薪年休假条例》规定安排职工带薪年休假，若不能安排，应按职工本人日工资200%的标准额外支付未休年休假的工资报酬。同时指出，该公司规章制度对于带薪年休假天数的规定，因违反法律法规强制性规定，是无效的。但该公司执意认为应按规章制度规定天数支付钱某未休年休假的工资报酬。鉴于此，市人社局依法向该公司下达《劳动保障监察限期改正指令书》，责令其限期向钱某依法支付未休年休假工资报酬，但其拒不履行。对此，市人社局向该公司发出《行政处理决定书》，责令该公司限期除向钱某支付未休年休假工资报酬外，还应当按照未休年休假工资报酬的数额向钱某加付赔偿金；同时，市人社局依法向该公司发出《拟作出行政处罚告知书》，告知拟对其拒不执行指令书的违法行为处以10000元的罚款。至此，该公司才认识到违法行为的严重性，依法向钱某支付了25天未休年休假的工资报酬及加付的赔偿金，即按照钱某日工资收入的400%向其支付未休的25天年休假工资报酬及赔偿金。虽然该公司最后进行了整改，但是，为了维护劳动保障法律法规的严肃性和权威性，仍应当对其予以惩戒。最终，市人社局对该公司处以罚款8000元。

二、案例评析

为保障劳动者的身体健康，1995年实施的《劳动法》第四十五条第一款规定“国家实行带薪年休假制度”（2018年被最新修订，同第四十五条）。但该法只对带薪年休假作出了原则性规定，而对职工带薪年休假的标准及用人单位违反规定的法律责任均未作出规定，没有可操作性。因此，除了党政机关、事业单位，以及少数规范的企业制定有带薪年休假制度之外，大多数企业并没有制定带薪年休假制度，即大多数企业职工并未真正享有带薪年休假的权利。2008年实施的《职工带薪年休假条例》均对职工带薪年休假的标准及法律责任作出了明确规定，从法律法规层面保障了职工带薪年休假的合法权益。

但在实践中，《职工带薪年休假条例》出台后，一些用人单位漠视法律法规的存在，拒不安排职工带薪年休假，或在规章制度中对年休假的标准和不享受带薪年休假的条件作出违反强制性的规定，如只按职工在本单位的工作年限计算年休假天数；当年女职工休产假后不安排休年休假；未在规定期限内休完上年度带薪年休假的，视为本人自愿放弃或者作废；低于日工资200%的标准支付未休的年休假工资报酬等。上述规定均违反了《职工带薪年休假条例》有关强制性规定，是无效的。

用人单位不安排职工休年休假又不按规定给予年休假工资报酬的，由劳动部门依据职权责令限期改正；对逾期不改正的，除责令该单位支付年休假工资报酬外，单位还应当按照年休假工资报酬的数额向职工加付赔偿金。

本案中，该公司在《职工带薪年休假条例》实施以后，对职工享受带薪年休假天数标准明确规定按照职工本人累计工作年限的情况下，仍无视法律法规的存在，在规章制度中规定按照职工在本单位工作年限计算带薪年休假天数，其标准低于条例的规定，属于违反法律法规的强制性规定，应属于无效。在经办监察员调查核实情况，明确向该公司指出其规章制度规定违法，要求其按照《职工带薪年休假条例》规定支付未休年休假的工资报酬未果，随后依法向其下达《劳动保障监察限期改正指令书》，责令其在规定期限内整改仍不整改的情况下，市人社局对该公司发出《行政处理决定书》，要求该公司除依法向钱某支付未休年休假工资报酬外，还应当按照未休年休假工资报酬的数额向钱某加付赔偿金，其处理是合法有据的。至此，该公司才认识到违法行为的严重性，按要求向钱某支付了25天未休年休假的工资报酬及加付的赔偿金，即按照钱某日工资收入的400%向其支付未休的25天年休假工资报酬及赔偿金。虽然该公司最后进行了整改，但是，为了维护劳动保障法律法规的严肃性和权威性，仍应当对其予以惩戒。最终，市人社局对该公司处以罚款8000元。

三、法律依据

1. **《劳动法》第四十五条** 国家实行带薪年休假制度。

劳动者连续工作一年以上的，享受带薪年休假。具体办法由国务院规定。

2. **《职工带薪年休假条例》第二条** 机关、团体、企业、事业单位、民办非企业单位、有雇工的个体工商户等单位的职工连续工作1年以上的，享受带薪年休假（以下简称年休假）。单位应当保证职工享受年休假。职工在年休假期间享受与正常工作期间相同的工资收入。

3. **《职工带薪年休假条例》第三条** 职工累计工作已满1年不满10年的，年休假5天；已满10年不满20年的，年休假10天；已满20年的，年休假15天。

国家法定休假日、休息日不计入年休假的假期。

4. **《职工带薪年休假条例》第五条** 单位根据生产、工作的具体情况，并考虑职工本人意愿，统筹安排职工年休假。

年休假在1个年度内可以集中安排，也可以分段安排，一般不跨年度安排。单位因生产、工作特点确有必要跨年度安排职工年休假的，可以跨1个年度安排。

单位确因工作需要不能安排职工休年休假的，经职工本人同意，可以不安排职工休年休假。对职工应休未休的年休假天数，单位应当按照该职工日工资收入的300%支付年休假工资报酬。

5. **《企业职工带薪年休假实施办法》第十条**　用人单位经职工同意不安排年休假或者安排职工年休假天数少于应休年休假天数，应当在本年度内对职工应休未休年休假天数，按照其日工资收入的300%支付未休年休假工资报酬，其中包含用人单位支付职工正常工作期间的工资收入。

用人单位安排职工休年休假，但是职工因本人原因且书面提出不休年休假的，用人单位可以只支付其正常工作期间的工资收入。

6. **《职工带薪年休假条例》第七条**　单位不安排职工休年休假又不依照本条例规定给予年休假工资报酬的，由县级以上地方人民政府人事部门或者劳动保障部门依据职权责令限期改正；对逾期不改正的，除责令该单位支付年休假工资报酬外，单位还应当按照年休假工资报酬的数额向职工加付赔偿金；对拒不支付年休假工资报酬、赔偿金的，属于公务员和参照公务员法管理的人员所在单位的，对直接负责的主管人员以及其他直接责任人员依法给予处分；属于其他单位的，由劳动保障部门、人事部门或者职工申请人民法院强制执行。

7. **《劳动保障监察条例》第三十条**　有下列行为之一的，由劳动保障行政部门责令改正；对有第（一）项、第（二）项或者第（三）项规定的行为的，处2000元以上2万元以下的罚款：

（一）无理抗拒、阻挠劳动保障行政部门依照本条例的规定实施劳动保障监察的；

（二）不按照劳动保障行政部门的要求报送书面材料，隐瞒事实真相，出具伪证或者隐匿、毁灭证据的；

（三）经劳动保障行政部门责令改正拒不改正，或者拒不履行劳动保障行政部门的行政处理决定的；

（四）打击报复举报人、投诉人的。

违反前款规定，构成违反治安管理行为的，由公安机关依法给予治安管理处罚；构成犯罪的，依法追究刑事责任。

监察员手记：带薪年休假是劳动保障法律法规赋予劳动者的一项重要的劳动权益，2008 年实施的《职工带薪年休假条例》对职工带薪年休假的标准及法律责任均作出了明确的规定，但是，一些用人单位漠视法律法规的存在，拒不安排职工带薪年休假，或者在规章制度中对年休假的标准和不享受年休假的条件作出违反法律法规强制性的规定，这都是无效的。对此，一方面继续加大带薪年休假法律法规规定的宣传解释力度，另一方面应对此加大监察执法力度，对违反规定的用人单位坚决依法处理处罚。由此，带薪年休假制度才能得到有效执行，劳动者的带薪年休假的权益才能落到实处。

案例 9

某酒店收取员工工服押金被行政处罚

一、案情简介

2012 年 3 月，市劳动保障监察支队接到曾某某投诉，反映某酒店向其收取服装押金。经查，2007 年 9 月 27 日，该酒店招用曾某某当日向其收取服装押金 500 元。曾某某于 2011 年 11 月 15 日离职，但该单位以其未办理离职交接手续为由拒绝退还押金。调查核实后，经办监察员向该酒店宣传劳动合同法相关规定并责令限期退还押金，同时建议曾某某回酒店办理离职交接手续。2012 年 3 月 29 日，该单位退还曾某某服装押金 500 元。因该酒店收取曾某某服装押金的行为违反了《劳动合同法》第九条的规定，根据《劳动合同法》第八十四条的规定，市人社局对该酒店处以罚款 1000 元。

二、案例评析

《劳动法》没有禁止用人单位要求劳动者提供担保，1995 年原劳动部《关于贯彻执行〈中华人民共和国劳动法〉若干问题的意见》第二十四条规定，用人单位在与劳动者订立劳动合同时，不得以任何形式向劳动者收取定金、保证金（物）或抵押金（物）。但由于效力层次较低，作用难以发挥。

实践中，有些用人单位为防止劳动者在工作中给用人单位造成损失，不辞而别，在招用劳动者时要求劳动者提供担保或者向劳动者收取风险抵押金。有的用人单位为规避法律，不向劳动者收取抵押金，转而采取了一些变相的方法或手段，达到向员工收取抵押金的目的，如服装费、电脑费、住宿费、集资款（股金）等。甚至有一些犯罪分子利用劳动者求职心切，收取高额抵押金后逃之夭夭，造成新的社会不安定因素。有的用人单位滥用强势地位，限制劳动者合理流动，通过扣押劳动者的居民身份证或者其他证件，如暂住证、资格证书和其他证明个人身份的证件等，以达到目的。针对实践中用人单位的这些侵害劳动者合法权益的行为，为了切实杜绝这种行为，《劳动合同法》对这些非法行为作了禁止性规定。

之所以禁止用人单位要求劳动者提供担保，其中一个重要原因，即劳动关系具有高度人身属性，劳动力与劳动者人身不可分割，用人单位不能强制劳动者履行义务。同时，要求劳动者提供担保会限制劳动者的择业自由，降低劳动力市场的活力。而择业自由是《宪法》和《劳动法》都规定的劳动者的基本权利。要求劳动者提供担保，目的就是迫使劳动者一直在同一用人单位，这在某种意义上是对劳动者择业自由的限制。

当然，确实有极少数劳动者利用工作便利的条件，损害用人单位的利益。由于他们流动性较大，不易管理和索赔，导致个别用人单位只能通过收取风险抵押金、抵押物或扣押身份证等方式来避免损失，这样做是不合法的。如果用人单位想要避免劳动者给单位造成损失，不承担赔偿责任就离职的风险，应当通过加强内部管理和提高待遇等方式来解决，而不是简单地采用收取抵押金（物）的错误方法。

用人单位违反劳动合同法规定，以担保或者其他名义向劳动者收取财物的，由劳动行政部门责令限期退还劳动者本人，并以每人五百元以上二千元以下的标准处以罚款；给劳动者造成损害的，应当承担赔偿责任。

本案中，某酒店收取曾某某服装押金的时间发生在《劳动合同法》实施以前，但在《劳动合同法》实施以后三年多直至被投诉仍未向曾某某退还押金，其违法行为属于继续状态，同时经办监察员查明该酒店在2008年以后未向新入职员工收取押金，且未存在2008年以前收取其他员工服装押金未退还的情况。因此，市人社局认定本案受侵害劳动者仅曾某某一人，由此，对该酒店按照受侵害劳动者每人1000元的标准处以罚款，共计罚款1000元。

三、法律依据

1. **《劳动合同法》第九条** 用人单位招用劳动者，不得扣押劳动者的居民身份证和其他证件，不得要求劳动者提供担保或者以其他名义向劳动者收取财物。

2. **《劳动合同法》第八十四条**　用人单位违反本法规定，扣押劳动者居民身份证等证件的，由劳动行政部门责令限期退还劳动者本人，并依照有关法律规定给予处罚。

用人单位违反本法规定，以担保或者其他名义向劳动者收取财物的，由劳动行政部门责令限期退还劳动者本人，并以每人五百元以上二千元以下的标准处以罚款；给劳动者造成损害的，应当承担赔偿责任。

劳动者依法解除或者终止劳动合同，用人单位扣押劳动者档案或者其他物品的，依照前款规定处罚。

监察员手记：2008 年劳动合同法实施以前，一些用人单位滥用优势地位收取劳动者押金，因无明确的法律法规依据，对此实际上是无法进行监察执法的。劳动合同法实施后，一些用人单位能够遵守该法规定，不再向劳动者收取押金，已收取的也退还给劳动者，但是，一些用人单位漠视法律法规的存在，仍继续向新招用劳动者收取押金，或者不主动退还劳动合同法实施前已收取的押金，对此，应加大劳动保障监察执法力度，对违法的用人单位依法处理处罚，从而维护劳动保障法律法规的权威性和严肃性，维护劳动者的合法权益。

案例 10

某科技公司违法延长工作时间被行政处罚

一、案情简介

2015 年 5 月 25 日，市劳动保障监察支队依法对某科技有限公司开展日常巡查，发现该单位涉嫌违法延长劳动者工作时间。经立案调查，查明该单位 2015 年 4 月违法延长徐某等 1905 名劳动者工作时间，违法延长工作时间平均达 100 个小时以上，其中最长达 147 个小时。对此，市劳动保障监察支队以市人社局名义向该单位下达《劳动保障监察限期改正指令书》，责令限期改正。同时，市人社局对该单位违法延长工作时间的行为作出两项行政处罚：一是警告；二是按照受侵害的 1905 名劳动者每人 100 元的标准计算，处以罚款共计 19.05 万元。随后，该单位依法进行了整改并按期缴纳了罚款。

二、案例评析

为保障劳动者的身体健康，国家对工时制度和延长工作时间的条件作了严格规定。《劳动法》第三十六条规定“国家实行劳动者每日工作时间不超过八小时、平均每周工作时间不超过四十四小时的工时制度”。1995 年 2 月 17 日国务院第八次会议通过的《国务院关于修改〈国务院关于职工工作时间的规定〉的决定》将第三条修改为“职工每日工作 8 小时，每周工作 40 小时”。按照新旧规定适用原则，后者规定取代前者劳动法规定，它比劳动法规定的每周工作 44 小时更有利于劳动者享受休息权等劳动保障，应适用后者的规定。

《劳动法》第三十八条规定“用人单位应当保证劳动者每周至少休息一日”。此处“一日”应指完整的一天，即 24 小时。如《深圳经济特区和谐劳动关系促进条例》第二十二条第一款规定“用人单位应当遵守国家关于劳动者工作时间的规定保障劳动者休息和休假的权利，并保证劳动者每周至少有一次二十四小时不间断的休息时间”。

《劳动法》第四十一条规定“用人单位由于生产经营需要，经与工会和劳动者协商后可以延长工作时间，一般每日不得超过一小时；因特殊原因需要延长工作时间的，在保障劳动者身体健康的条件下延长工作时间每日不得超过三小时，但是每月不得超过三十六小时”。由此可知，协商是企业决定延长工作时间的程序。用人单位确因生产经营需要，必须延长工作时间时，应与工会和劳动者协商。协商后，用人单位可以在劳动法限定的延长工作时数内决定延长工作时间，即每日不得超过一小时，特殊原因每日不得超过三小时，每月不得超过三十六小时。对用人单位违反法律法规强迫劳动者延长工作时间的，劳动者有权拒绝，并可向当地劳动保障监察机构投诉举报。

用人单位违反劳动保障法律、法规或者规章延长劳动者工作时间的，由劳动保障行政部门给予警告，责令限期改正，并可以按照受侵害的劳动者每人 100 元以上 500 元以下的标准计算，处以罚款。

本案中，该单位在 2015 年 4 月违法延长徐某等 1905 名劳动者工作时间，违法延长工作时间平均达 100 个小时以上，其中最长达 147 个小时。且该单位在当月还存在未能保证劳动者每周至少休息一日、每日延长工作时间超过三小时的违法行为。因此，该单位违法延长工作时间的行为情节较为严重，为了维护劳动法律法规的严肃性和权威性，除了对该单位给予警告，还应对其实施行政罚款。但鉴于该单位对当月赶订单需要加班事先与公司工会和员工进行了协商，未发生强迫加班的情况，尚未发生严重后果，以及能够足额支付加班工资和积极配合劳动部门调查，并且在收到指令书后立即进行了整改，可以适当从轻处理，根据教育与处罚相结合的原则，市人社局决定按照受侵害的劳动者每人 100 元的标准计算，对该单位处以罚款共计 19.05 万元。

三、法律依据

1. **《劳动法》第三十八条** 用人单位应当保证劳动者每周至少休息一日。

2. **《劳动法》第四十一条** 用人单位由于生产经营需要，经与工会和劳动者协商后可以延长工作时间，一般每日不得超过一小时；因特殊原因需要延长工作时间的，在保障劳动者身体健康的条件下延长工作时间每日不得超过三小时，但是每月不得超过三十六小时。

3. **《国务院关于职工工作时间的规定》第三条** 职工每日工作 8 小时，每周工作 40 小时。

4. **《劳动保障监察条例》第二十五条** 用人单位违反劳动保障法律、法规或者规章延长劳动者工作时间的，由劳动保障行政部门给予警告，责令限期改正，并可以按照受侵害的劳动者每人 100 元以上 500 元以下的标准计算，处以罚款。

监察员手记：为保障劳动者的身体健康，1995 年实施的《劳动法》规定了工时制度和延长工作时间的标准和条件，但对用人单位违反规定的法律责任没有做出具体规定，直至 2004 年 12 月实施的《劳动保障监察条例》明确规定了用人单位违法延长工作时间，将被处以警告和行政罚款，并且规定按照受侵害的劳动者每人 100 元以上 500 元以下的标准计算，处以罚款。在实践中，一些劳动密集型企业，若违法延长工作时间，对其罚款总额可能达到数万元、几十万元甚至更多，经济上的损失将是很大的。对此，作为用人单位，一方面，应有严格遵守法律法规的意识，做到知法守法；另一方面，应做好人员岗位设置和工作计划安排，科学合理安排工作和休息时间，保障员工健康，提高工作效率。

案例 11

未依法安排产假被行政处罚

一、案情简介

2012 年 9 月，某市劳动保障监察支队接到女职工王某投诉，称某酒店未依法安排其享受 98 天产假，要求依法处理。市劳动保障监察支队当场受理其投诉。

经查，王某为某酒店大堂经理，于 2012 年 6 月顺产一男婴，王某享受产假刚满 90 天，酒店就催促其上班，虽经王某与酒店负责人李某多次电话沟通，表示根据当年新实施的《女职工劳动保护特别规定》规定，女职工生育应享受 98 天产假，但李某均予以拒绝，表示酒店根据《劳动法》规定已安排其享受 90 天产假，要求其立即上班。王某无奈，在只享受 90 天产假后被迫上班。王某上班后，通过拨打劳动保障热线电话 12333，再次确认了酒店应根据

《女职工劳动保护特别规定》让其享受98天产假，王某决定拿起法律武器维护自身合法权益，遂向劳动部门投诉。

调查核实上述情况后，经办监察员向该酒店负责人李某宣传相关法律法规，告知根据新法优于旧法的法律适用原则，酒店应执行《女职工劳动保护特别规定》，应安排王某享受98天产假，但李某仍不接受。鉴于此，市人社局依法向该酒店下达《劳动保障监察限期改正指令书》，责令其限期安排王某再享受8天产假，但该酒店拒不整改。对此，市人社局依法向该酒店发出《拟作出行政处罚告知书》，告知拟对其未依法安排女职工享受98天产假的违法行为处以5000元罚款。至此，该酒店才认识到违法行为的严重性，按要求安排王某享受了剩余8天的产假。为了维护劳动保障法律法规的严肃性和权威性，虽然该酒店最后进行了整改，仍应当对其予以惩戒。最终，市人社局对该单位处以罚款3000元。

二、案例评析

女职工特殊劳动保护，也称女职工劳动特殊保护，是指针对女职工的生理特点、体力状况、四期的特殊情况等，对女职工从事劳动给予特别保护的制度。女职工由于其生理特点，往往在劳动和工作中遇到一些特殊的困难。同时，她们还承担着生育和抚育婴儿的天职。因此，国家对女职工劳动实行特别的保护政策，并通过立法强制所有用人单位执行。而女职工产假，是根据女职工生理特征，保护其特殊需要而规定的休假。《劳动法》第六十二条规定“女职工生育享受不少于九十天的产假”。2012年4月28日施行的《女职工劳动保护特别规定》第七条进一步规定“女职工生育享受98天产假”。而对于违反国家强制性女职工劳动保护规定的用人单位应承担的法律责任，《劳动保障监察条例》《女职工劳动保护特别规定》先后均作出了基本一致的规定。

在实践中，一些省通过地方性立法，对于女职工产假天数，在《女职工劳动保护特别规定》规定“女职工生育享受98天产假”的基础上，又规定新增产假天数。如《广东省人口与计划生育条例》第三十条规定“符合法律、法规规定生育子女的夫妻，女方享受八十日的奖励假，男方享受十五日的陪产假。在规定假期内照发工资，不影响福利待遇和全勤评奖”。即在广东省行政区域内的用人单位，依法应安排女职工享受178天产假。但是，就法律责任而言，若用人单位未能安排女职工享受98天产假，应适用《女职工劳动保护特别规定》处理处罚，而用人单位能够安排女职工享受98天产假，但未按照当地地方性法规规定安排产假，应根据当地规定处理处罚。

用人单位未依法安排女职工享受98天产假的，由县级以上人民政府人力资源社会保障行政部门责令限期改正，按照受侵害女职工每人1000元以上5000元以下的标准计算，处以罚款。

本案中，该酒店虽然按照《劳动法》规定安排女职工享受了90天产假，但根据2012年4月28日实施的《女职工劳动保护特别规定》，应安排女职工享受98天产假。但是，经监察员向该酒店负责人指出存在违法行为，并下达指令书以后，仍拒不整改。对此，根据《女职工劳动保护特别规定》第十三条第一款之规定，市人社局依法向该酒店发出《拟作出行政处罚告知书》，告知拟对其未依法安排女职工享受98天产假的违法行为处以5000元罚款。至此，该酒店才认识到违法行为的严重性，按要求安排王某享受了剩余8天的产假。虽然该酒店最后进行了整改，为了维护劳动保障法律法规的严肃性和权威性，仍应对其予以惩戒。最终，市人社局对该酒店处以罚款3000元。

三、法律依据

1. **《劳动法》第五十八条第一款** 国家对女职工和未成年工实行特殊劳动保护。

2. **《劳动法》第六十二条** 女职工生育享受不少于九十天的产假。

3. **《劳动保障监察条例》第二十三条** 用人单位有下列行为之一的，由劳动保障行政部门责令改正，按照受侵害的劳动者每人1000元以上5000元以下的标准计算，处以罚款：

（一）安排女职工从事矿山井下劳动、国家规定的第四级体力劳动强度的劳动或者其他禁忌从事的劳动的；

（二）安排女职工在经期从事高处、低温、冷水作业或者国家规定的第三级体力劳动强度的劳动的；

（三）安排女职工在怀孕期间从事国家规定的第三级体力劳动强度的劳动或者孕期禁忌从事的劳动的；

（四）安排怀孕7个月以上的女职工夜班劳动或者延长其工作时间的；

（五）女职工生育享受产假少于90天的；

（六）安排女职工在哺乳未满1周岁的婴儿期间从事国家规定的第三级体力劳动强度的劳动或者哺乳期禁忌从事的其他劳动，以及延长其工作时间或者安排其夜班劳动的；

（七）安排未成年工从事矿山井下、有毒有害、国家规定的第四级体力劳动强度的劳动或者其他禁忌从事的劳动的；

（八）未对未成年工定期进行健康检查的。

4. **《女职工劳动保护特别规定》第七条** 女职工生育享受98天产假，其中产前可以休假15天；难产的，增加产假15天；生育多胞胎的，每多生育 1 个婴儿，增加产假 15 天。

女职工怀孕未满 4 个月流产的，享受 15 天产假；怀孕满 4 个月流产的，享受 42 天产假。

5.**《女职工劳动保护特别规定》第十三条第一款**　用人单位违反本规定第六条第二款、第七条、第九条第一款规定的，由县级以上人民政府人力资源社会保障行政部门责令限期改正，按照受侵害女职工每人 1000 元以上 5000 元以下的标准计算，处以罚款。

监察员手记：女职工由于其生理特点，往往在劳动和工作中遇到一些特殊的困难。同时，她们还承担着生育和抚育婴儿的天职。因此，国家对女职工劳动实行特别的保护政策，并通过立法强制所有用人单位执行。由此，用人单位应当自觉遵守女职工特殊劳动保护相关法律法规规定，否则将承担行政处罚的法律责任。另外，作为一名劳动保障监察员，1995 年劳动法开始实施，特别是 2008 年劳动合同法实施以来，劳动保障法律法规越来越健全，劳动保障监察执法也越来越有法可依，能够更好维护劳动者的合法权益和劳动关系的和谐稳定，内心也是非常欣慰的。

案例 12

终止劳动合同未依法支付经济补偿金被责令整改

一、案情简介

2010 年 10 月，蒋某到某市劳动保障监察支队投诉，反映某餐饮公司在与其终止劳动合同后拒绝支付经济补偿金，请求劳动部门依法处理。市劳动保障监察支队当场受理其投诉。

经查，蒋某于2008年9月1日入职该餐饮公司，任行政总厨，双方签订2年期限劳动合同，合同期限为2008年9月1日至2010年8月31日。合同期满前，该公司书面告知蒋某与其合同到期后不予续签。蒋某按照公司规定办理了相关离职交接手续后，要求公司依法支付相当于2个月工资的经济补偿金，但公司拒绝支付，并称解除劳动合同才需要支付经济补偿金，与其合同期满终止不需要支付经济补偿金。蒋某对此不能接受，遂向劳动部门投诉。

调查核实上述情况后，经办监察员向该公司宣传相关法律法规，告知根据《劳动合同法》规定，其与蒋某合同期满终止劳动合同，应当按照蒋某在公司工作年限支付2个月工资的经济补偿金。该公司在监察员明确向其指出相关法律条文后，又辩解其与蒋某的经济补偿金问题属于劳动争议，双方应通过劳动争议仲裁裁决，劳动行政部门无权处理。对此，经办监察员向其指出，根据《劳动合同法》第八十五条之规定，劳动行政部门有权责令其改正，但该公司仍不接受。鉴于此，市人社局依法向该公司下达《劳动保障监察限期改正指令书》，责令其限期向蒋某支付经济补偿金。随后，经办监察员再次约谈该公司负责人，告知若逾期不支付，市人社局将依法对其发出《行政处理决定书》，除依法支付经济补偿金外，还应按应付金额百分之五十以上百分之一百以下的标准向劳动者加付赔偿金，同时，还将对其拒不执行指令的违法行为实施行政处罚。至此，该公司才认识到违法行为的严重性，按规定向蒋某支付了2个月工资的经济补偿金。

二、案例评析

经济补偿金是劳动合同制度中的一项重要内容，是一种引导用人单位的有效手段，是一种与劳动者密切相关的重大经济利益。经济补偿是国家要求用人单位承担的一种社会责任。国家要求用人单位解除或者终止劳动合同的同时，支付一定经济补偿，以帮助劳动者在失业阶段维持基本生活，不至于生活水平急剧下降。在我国失业保险制度建立健全过程中，经济补偿可以有效缓解失业者的焦虑情绪和生活实际困难，维护社会稳定，形成社会互助的良好氛围。除此之外，经济补偿也是对劳动者以往为用人单位做出贡献的补偿，是对劳动者过去劳动内容和成果的肯定。因为劳动者对用人单位的贡献不完全体现在用人单位支付给劳动者的劳动报酬中，用人单位的经营效益、持续发展能力和资产的积累都有劳动者的贡献。由此，《劳动合同法》对经济补偿作了全面、明确的规定。

对于合同期满终止，用人单位是否向劳动者支付经济补偿金的问题，《劳动合同法》实施前，《劳动法》《违反和解除劳动合同的经济补偿办法》均未对此作出规定。《劳动合同法》第四十六条第（五）项、第（六）项对劳动合同终止支付经济补偿金的情形做出了具体规定，即以下三种情形终止劳动合同，用人单位应当支付经济补偿金：一是除用人单位维持或者提高劳动合同约定条件续订劳动合同，劳动者不同意续订的情形外，劳动合同期满而终止的；二是因用人单位被依法宣告破产而终止劳动合同的；三是因用人单位被吊销营业执照、责令关闭、撤销或者用人单位决定提前解散而终止劳动合同的。毋庸讳言，社会上对第一种情形要求用人单位支付经济补偿金存在较大争议。但是，由于我国现实生活中劳动合同短期化的问题非常突出，损害劳动者的权益，不利于建立稳定的劳动关系。劳动合同法有针对性地作出了规定，除了规定合同期满终止劳动合同用人单位应当支付经济补偿金外，对无固定期限劳动合同也做出了强制性规定。为此《劳动合同法》就是为了解决劳动合同短期化问题，以期达到构建发展和谐稳定的劳动关系的目的。作为广大用人单位，应当依法遵守劳动合同法的规定。

劳动合同期满，除用人单位维持或者提高劳动合同约定条件续订劳动合同，劳动者不同意续订的情形外，用人单位应当依法向劳动者支付经济补偿，未依法支付的，由劳动行政部门责令限期支付；逾期不支付的，责令用人单位按应付金额百分之五十以上百分之一百以下的标准向劳动者加付赔偿金。

本案中，蒋某按照规定办理了相关离职交接手续后，首次要求公司依法支付相当于2个月工资的经济补偿金，但公司拒绝支付，可视为其对法律不了解或理解错误，还可以说情有可原。但事后蒋某向劳动部门投诉，经办监察员经调查核实后，向其依法宣传劳动合同法的相关规定，要求其依法向蒋某支付经济补偿金，甚至在接到指令书后，还百般辩解，仍不愿依法支付经济补偿金，其漠视法律法规的行为是严重的。随后，经办监察员再次约谈该公司负责人，告知若逾期不支付，市人社局将依法对其做出行政处理决定，除依法支付经济补偿金外，还应按应付金额百分之五十以上百分之一百以下的标准向劳动者加付赔偿金，同时，还将对其拒不执行指令的违法行为实施行政处罚。至此，该公司才认识到违法行为的严重性，按规定向蒋某支付了2个月工资的经济补偿金。由此可知，劳动合同法、劳动合同法实施条例明确规定劳动行政部门有权对用人单位不依法支付经济补偿金、赔偿金的违法行为作出处理处罚，符合我国国情，更有利于维护劳动者的合法权益和劳动关系的和谐稳定。

三、法律依据

1. **《劳动合同法》第四十四条**　有下列情形之一的，劳动合同终止：

（一）劳动合同期满的；

（二）劳动者开始依法享受基本养老保险待遇的；

（三）劳动者死亡，或者被人民法院宣告死亡或者宣告失踪的；

（四）用人单位被依法宣告破产的；

（五）用人单位被吊销营业执照、责令关闭、撤销或者用人单位决定提前解散的；

（六）法律、行政法规规定的其他情形。

2. **《劳动合同法》第四十六条**　有下列情形之一的，用人单位应当向劳动者支付经济补偿：

（一）劳动者依照本法第三十八条规定解除劳动合同的；

（二）用人单位依照本法第三十六条规定向劳动者提出解除劳动合同并与劳动者协商一致解除劳动合同的；

（三）用人单位依照本法第四十条规定解除劳动合同的；

（四）用人单位依照本法第四十一条第一款规定解除劳动合同的；

（五）除用人单位维持或者提高劳动合同约定条件续订劳动合同，劳动者不同意续订的情形外，依照本法第四十四条第一项规定终止固定期限劳动合同的；

（六）依照本法第四十四条第四项、第五项规定终止劳动合同的；

（七）法律、行政法规规定的其他情形。

3. **《劳动合同法》第八十五条**　用人单位有下列情形之一的，由劳动行政部门责令限期支付劳动报酬、加班费或者经济补偿；劳动报酬低于当地最低工资标准的，应当支付其差额部分；逾期不支付的，责令用人单位按应付金额百分之五十以上百分之一百以下的标准向劳动者加付赔偿金：

（一）未按照劳动合同的约定或者国家规定及时足额支付劳动者劳动报酬的；

（二）低于当地最低工资标准支付劳动者工资的；

（三）安排加班不支付加班费的；

（四）解除或者终止劳动合同，未依照本法规定向劳动者支付经济补偿的。

4. **《劳动保障监察条例》第三十条** 有下列行为之一的，由劳动保障行政部门责令改正；对有第（一）项、第（二）项或者第（三）项规定的行为的，处2000元以上2万元以下的罚款：

（一）无理抗拒、阻挠劳动保障行政部门依照本条例的规定实施劳动保障监察的；

（二）不按照劳动保障行政部门的要求报送书面材料，隐瞒事实真相，出具伪证或者隐匿、毁灭证据的；

（三）经劳动保障行政部门责令改正拒不改正，或者拒不履行劳动保障行政部门的行政处理决定的；

（四）打击报复举报人、投诉人的。

违反前款规定，构成违反治安管理行为的，由公安机关依法给予治安管理处罚；构成犯罪的，依法追究刑事责任。

监察员手记：2008年劳动合同法实施以后，陆续接到劳动者关于用人单位在合同期满终止劳动合同后，未依法支付经济补偿金的投诉。究其原因，一是劳动法对此无规定，这是劳动合同法新的规定，用人单位不了解新的规定；二是用人单位不理解新的规定，认为劳动合同期满终止，没有道理还需要向劳动者支付经济补偿金。对此，应加大劳动合同法等劳动保障法律法规宣传解释力度，除了对法律条文本身的宣传，还应宣传解释国家立法的目的和意义，一是国家鼓励长期用工，续签劳动合同就不需要支付经济补偿金；二是经济补偿金实际上也是对劳动者以往为用人单位做出贡献的补偿，属于劳动用工成本的一部分，用人单位应提前做好相应的预算。由此，让用人单位对劳动保障法律法规规定心服口服，从而自觉遵守，避免劳动争议和劳动违法行为的发生。

案例 13

解除劳动合同不出具书面证明被责令整改

一、案情简介

2014 年 3 月，张某向市劳动保障监察支队投诉，反映某建筑公司与其解除劳动合同后不出具书面证明和扣押证件不予退还。市劳动保障监察支队于当日受理其投诉。

经查，张某于 2013 年 3 月入职该建筑公司，为一级造价工程师，当月，该公司与其签订了 3 年期限的劳动合同和参加了社会保险。张某在入职时还将考试取得的由省建设行政主管部门颁发的《一级造价工程师执业资格证》原件及执业印章交付公司保管。2013 年 12 月，该公司发现张某在另一家建筑公司兼职后，多次要求张某改正，但张某拒不改正。为此，2014 年 1 月，该公司以张某严重违纪为由与其解除劳动合同。此后两个月，张某多次要求该公司出具解除劳动合同的书面证明并退还资格证原件及执业印章，但均遭到公司拒绝。

据了解，该公司扣留张某的证件和印章的原因是取得执业资格者等证件的员工人数关系到建设行政主管部门对公司的评级及年检。该公司辩解，施工管理人员的资格证件、印章交由所在建筑公司统一保管也是建筑业的行规，并且张某入职时也是同意的。另外，该公司辩称，已向张某发出解除劳动合同通知书，无须再出具什么解除合同的书面证明。对此，经办监察员向该公司宣传相关劳动保障法律法规，根据《劳动合同法》规定，用人单位招用劳动者，不得扣押劳动者的居民身份证和其他证件；公司已经与张某解除劳动合同，应当出具解除劳动合同的书面证明。随后，市人社局向该公司下达《劳动保障监察限期改正指令书》，责令其限期整改。该单位在规定期限内整改，退还了张某的证件、印章，以及出具了解除劳动合同的书面证明。鉴于该公司收取张某证件、印章的违法行为轻微，未给张某造成直接经济损失，且能够积极配合调查并及时整改，经市人社局集体研究决定，根据《行政处罚法》第二十七条第二款之规定，决定对该公司不予处罚。

二、案例评析

劳动合同依法解除或者终止，劳动关系结束后，劳动合同中约定的权利义务结束，但是原劳动合同双方当事人仍应履行有关法定义务。根据《劳动合同法》及有关规定，依法解除或者终止劳动合同时，用人单位都必须履行出具解除或者终止劳动合同证明的义务，这包括用人单位依法解除劳动合同、劳动者依法解除劳动合同、用人单位和劳动者依法终止劳动合同等情形。用人单位出具证明的时间是在依法解除或者终止劳动合同的同时。法律规定用人单位有出具解除或者终止劳动合同证明的义务，其目的有三：一是便于劳动者办理失业登记，因为根据《失业保险条例》规定，职工失业后，应当持本单位为其出具的终止或者解除劳动关系的证明，及时到指定的社会保险经办机构办理失业登记；二是便于职工再次求职就业，实践中，不少用人单位出于用工法律风险的考虑，均要求求职者提供与原单位解除或者终止劳动合同的书面证明；三是便于发生劳动争议时，劳动行政部门、劳动争议仲裁机构、法院根据离职证明认定事实和做出处理。对用人单位出具的解除、终止劳动合同的证明应当写明的内容，根据《劳动合同法实施条例》规定，应当写明劳动合同期限、解除或者终止劳动合同的日期、工作岗位、在本单位的工作年限。

在实践中，一些用人单位从自身的习惯、感受去理解法律，如本案中的建筑公司不出具离职证明和扣押职工的证件、印章已经违法，其所谓已发出解约通知书、“行规”“惯例”“本人同意”等并不能成为免责的理由。为了更好地保障劳动者的合法权益，对于用人单位扣押职工证件和不出具离职证明的，法律应当规定其需承担相应的法律责任。

劳动者依法解除或者终止劳动合同，用人单位扣押劳动者档案或者其他物品的，由劳动行政部门责令限期退还劳动者本人，并以每人五百元以上二千元以下的标准处以罚款；给劳动者造成损害的，应当承担赔偿责任。

用人单位违反本法规定未向劳动者出具解除或者终止劳动合同的书面证明，由劳动行政部门责令改正；给劳动者造成损害的，应当承担赔偿责任。

本案中，该建筑公司在招用张某时扣押《一级造价工程师执业资格证》原件及执业印章已违反了劳动合同法相关规定，以张某严重违纪为由与其解除劳动合同后，未依法向张某出具解除劳动合同的书面证明，仍拒不退还《一级造价工程师执业资格证》原件及执业印章，更是错上加错。对此，根据《劳动合同法》第八十四条、第八十九条之规定，市人社局依法向该公司下达《劳动保障监察限期改正指令书》，责令其限期整改。该单位在规定期限内整改，退还了张某的证件、印章，以及出具了解除劳动合同的书面证明。鉴于该公司收取张某证件、印章的违法行为轻微，未给张某造成直接经济损失，而且能够积极配合调查并及时整改，经市人社局集体研究决定，根据《行政处罚法》第二十七条第二款之规定，决定对该公司不予处罚。

三、法律依据

1. **《劳动合同法》第九条** 用人单位招用劳动者，不得扣押劳动者的居民身份证和其他证件，不得要求劳动者提供担保或者以其他名义向劳动者收取财物。

2. **《劳动合同法》第五十条** 用人单位应当在解除或者终止劳动合同时出具解除或者终止劳动合同的证明，并在十五日内为劳动者办理档案和社会保险关系转移手续。

劳动者应当按照双方约定，办理工作交接。用人单位依照本法有关规定应当向劳动者支付经济补偿的，在办结工作交接时支付。

用人单位对已经解除或者终止的劳动合同的文本，至少保存二年备查。

3. **《劳动合同法》第八十四条** 用人单位违反本法规定，扣押劳动者居民身份证等证件的，由劳动行政部门责令限期退还劳动者本人，并依照有关法律规定给予处罚。

用人单位违反本法规定，以担保或者其他名义向劳动者收取财物的，由劳动行政部门责令限期退还劳动者本人，并以每人五百元以上二千元以下的标准处以罚款；给劳动者造成损害的，应当承担赔偿责任。

劳动者依法解除或者终止劳动合同，用人单位扣押劳动者档案或者其他物品的，依照前款规定处罚。

4.《**劳动合同法**》**第八十九条**　用人单位违反本法规定未向劳动者出具解除或者终止劳动合同的书面证明，由劳动行政部门责令改正；给劳动者造成损害的，应当承担赔偿责任。

5.《**劳动合同法实施条例**》**第二十四条**　用人单位出具的解除、终止劳动合同的证明，应当写明劳动合同期限、解除或者终止劳动合同的日期、工作岗位、在本单位的工作年限。

6.《**行政处罚法**》**第二十七条**　当事人有下列情形之一的，应当依法从轻或者减轻行政处罚：

（一）主动消除或者减轻违法行为危害后果的；

（二）受他人胁迫有违法行为的；

（三）配合行政机关查处违法行为有立功表现的；

（四）其他依法从轻或者减轻行政处罚的。

违法行为轻微并及时纠正，没有造成危害后果的，不予行政处罚。

监察员手记：用人单位与劳动者解除或者终止劳动合同以后，应当向其出具书面证明，这是用人单位的法定义务，同时这也是企业的社会责任和诚实守信精神体现。因为在实践中，用人单位不向劳动者出具书面离职证明，大多数情形是双方在解除或者终止劳动合同时发生了不愉快，如劳动者中途提出辞职、双方在解约时发生纠纷等。在此提醒用人单位：一是只要双方已经解除或者终止劳动合同，用人单位就必须依法出具离职证明，不得以任何理由抗辩；二是用人单位应当诚实守信，不得人为制造争议和滥用诉权，否则除了可能承担赔偿责任，也将严重损害企业自身社会声誉，实际上不利于企业的生存和发展。

案例 14

涉嫌强令违章冒险作业罪被移送公安机关处理

一、案情简介

2017 年 4 月，宋某（女）前往某市劳动保障监察支队投诉，反映其丈夫蒋某所在的某运输公司超时加班，要求劳动部门依法处理处罚。宋某当场提交了蒋某部分考勤记录及工资清单，市劳动保障监察支队当场受理其投诉。

经查，某运输公司从事公路长途货运业务，现有 20 台货运车辆，司机 31 人，该公司 2016 年 10 月至 2014 年 3 月六个月期间，安排 31 名司机每周工作六天，每天工作 10 小时以上，每月延长工作时间平均 100 小时以上，其中最短延长工作时间 80 小时，最长延长工作时间 120 小时。

另据查明，2017 年 4 月 1 日上午 8 时，蒋某在家拨打公司调度刘某（女）电话，表示已连续五天每天工作 12 小时以上，身体极度疲劳并患有感冒，请求安排当天休息，刘某表示同意。但不到半小时，刘某拨打蒋某电话，称根据公司张总指示，要求蒋某马上到公司上班，然后驾车到省城码头接运货物。蒋某再次表示身体不适宜驾车，请安排其他同事。但刘某表示，已将前次电话内容告知张总，张总询问已无其他司机可以调度的情况后，指示刘某通知蒋某当天必须坚持上班，次日可安排休息。无奈，蒋某从家里出发到公司上班，途中，蒋某还接到刘某、张总催促其行程的微信。随后，蒋某驾驶货运汽车向省城行驶，途中发生致一人死亡的交通事故，交警部门以蒋某涉嫌交通肇事罪立案侦查。

调查核实后，该市人社局对该公司违法延长工作时间的行为作出如下处理：一是向其下达《劳动保障监察限期改正指令书》，责令其依法整改；二是对其处以警告；三是按照受侵害的 31 名劳动者每人 500 元的标准计算，处以罚款共计 15500 元。

另外，经支队会同局法制部门、法律顾问研究认为，该公司负责人张某、调度刘某，明知蒋某身体疲劳且患有感冒，当天不适宜驾驶，仍违反交通安全的相关规定，强令蒋某违章冒险作业，最终发生交通事故造成一人死亡，其行为已涉嫌强令违章冒险作业罪。为此，市人社局根据国务院《行政执法机关移送涉嫌犯罪案件的规定》第三条的规定，以涉嫌强令违章冒险作业罪将该案移送公安机关处理。

二、案例评析

强令冒险作业，是指在存在安全隐患和职业病隐患的情况下，用人单位强行命令劳动者冒着人身危险作业。在市场经济条件下，从事生产经营活动的市场主体为了追求利益的最大化，在生产经营活动中往往都是以营利为目的，但是绝不能以牺牲从业人员甚至公众的生命安全为代价。如果不重视安全生产，一旦发生事故，不但给他人的生命财产造成损害，生产经营者自身也会遭受重大损失。因此，保证生产安全，首先是生产经营单位自身的责任，既是对社会负责，也是对生产经营者自身利益负责。同时，国家作为社会公共利益的维护者，为了保障人民群众的生命财产安全，为了全体社会成员的共同利益，也必须运用国家权力，运用行政甚至刑事手段，加强安全生产工作，对安全生产实施有效的监督管理。

在劳动保障监察执法中，有可能发现用人单位涉嫌犯罪的主要有：强令违章冒险作业罪、重大劳动安全事故罪、强迫劳动罪、雇佣童工从事危重劳动罪、拒不支付劳动报酬罪等。对此，根据国务院《行政执法机关移送涉嫌犯罪案件的规定》及有关规定，劳动行政部门在依法查处违法行为过程中，发现违法事实涉嫌构成犯罪，依法需要追究刑事责任的，必须依照本规定向公安机关移送。

强令他人违章冒险作业，因而发生重大伤亡事故或者造成其他严重后果的，处五年以下有期徒刑或者拘役；情节特别恶劣的，处五年以上有期徒刑。

本案中，某市劳动保障监察支队接到投诉，对某运输公司违法延长工作时间行为立案调查，查实该公司存在违法延长工作时间的行为后依法作出处理处罚：一是向其下达《劳动保障监察限期改正指令书》，责令其依法整改；二是对其处以警告的行政处罚；三是按照受侵害的31名劳动者每人500元的标准计算，处以罚款共计15500元。同时，根据在调查中发现张某作为该公司生产管理负责人、刘某作为生产调度管理人员，明知蒋某身体疲劳且患有感冒，当天不适宜驾驶，仍违反交通运输安全生产的相关规定，强令蒋某违章冒险作业，最终发生交通事故造成一人死亡，其行为已涉嫌强令违章冒险作业罪。因此，市人社局依法将该案移送公安机关处理。等待张某、刘某等责任人的将是法律的严惩！

三、法律依据

1. **《劳动法》第九十三条** 用人单位强令劳动者违章冒险作业，发生重大伤亡事故，造成严重后果的，对责任人员依法追究刑事责任。

2. **《劳动合同法》第八十八条** 用人单位有下列情形之一的，依法给予行政处罚；构成犯罪的，依法追究刑事责任；给劳动者造成损害的，应当承担赔偿责任：

（一）以暴力、威胁或者非法限制人身自由的手段强迫劳动的；

（二）违章指挥或者强令冒险作业危及劳动者人身安全的；

（三）侮辱、体罚、殴打、非法搜查或者拘禁劳动者的；

（四）劳动条件恶劣、环境污染严重，给劳动者身心健康造成严重损害的。

3. **《刑法》第一百三十四条第二款**　强令他人违章冒险作业，因而发生重大伤亡事故或者造成其他严重后果的，处五年以下有期徒刑或者拘役；情节特别恶劣的，处五年以上有期徒刑。

4. **《最高人民检察院、公安部关于公安机关管辖的刑事案件立案追诉标准的规定（一）》（公通字〔2008〕36 号）**

第九条　强令他人违章冒险作业，涉嫌下列情形之一的，应予立案追诉：

（一）造成死亡一人以上，或者重伤三人以上；

（二）造成直接经济损失五十万元以上的；

（三）发生矿山生产安全事故，造成直接经济损失一百万元以上的；

（四）其他造成严重后果的情形。

5. **《最高人民法院、最高人民检察院关于办理危害生产安全刑事案件适用法律若干问题的解释》（法释〔2015〕22 号）**

第二条　刑法第一百三十四条第二款规定的犯罪主体，包括对生产、作业负有组织、指挥或者管理职责的负责人、管理人员、实际控制人、投资人等人员。

第五条　明知存在事故隐患、继续作业存在危险，仍然违反有关安全管理的规定，实施下列行为之一的，应当认定为刑法第一百三十四条第二款规定的“强令他人违章冒险作业”：

（一）利用组织、指挥、管理职权，强制他人违章作业的；

（二）采取威逼、胁迫、恐吓等手段，强制他人违章作业的；

（三）故意掩盖事故隐患，组织他人违章作业的；

（四）其他强令他人违章作业的行为。

监察员手记：在监察执法中发现，一些企业为了追求利益最大化，不顾劳动者的身心健康甚至公众的生命安全，严重超时加班、强迫或者变相强迫劳动、强令冒险作业等，社会危害性很大。对此，根据《刑法》及有关规定，行政机关在行政执法中发现企业、个人涉嫌犯罪的，应当依法移送公安机关处理，并最终由司法机关追究相关主体的刑事责任。

国务院《行政执法机关移送涉嫌犯罪案件的规定》已于2001年实施，一些地方也出台了行政执法与刑事司法衔接的地方性法规，“两法”衔接的机制已逐渐形成。再次提醒广大用人单位，应守法经营，否则，除了承担民事责任、行政责任，还可能被追究刑事责任。

案例 15

未按照规定办理就业登记手续被行政处罚

一、案情简介

2014年8月，广东省某市劳动保障监察支队对某城建集团有限公司承建的某大桥工程项目开展日常巡查，发现该单位未按规定为劳动者办理就业登记手续。经立案调查，查明该单位招用99名员工，但未在三十日内办理就业登记手续。对此，市人社局依法向该单位下达《劳动保障监察限期改正指令书》，该单位逾期未履行。鉴于此，根据《广东省实施〈中华人民共和国就业促进法〉办法》第五十四条之规定，市人社局对该单位作出行政处罚：按照未办理就业登记手续的人数处以每人 300 元的罚款，共计罚款 29700 元。随后，该单位依法进行了整改并缴纳了罚款。

二、案例评析

《就业促进法》第四十三条规定，国家建立劳动力调查统计制度和就业登记、失业登记制度。国家建立就业登记和失业失业登记制度的目的是通过就业登记和失业登记准确掌握劳动力供求状况，实现劳动就业社会化管理，保证就业服务各项工作的开展，为国家掌握社会失业状况，适时推行和调整就业政策，提供第一手信息资料。

同时，就业登记、失业登记制度对于维护劳动者权益具有重要意义，如用人单位未按规定及时为劳动者办理有关登记、备案手续，可能导致劳动者无法享受就业援助政策，以及到新的用人单位后无法进行新的就业登记，影响劳动者就业等情形，对劳动者造成不必要的损失。此外，全国大多数大中城市对异地务工人员的入户和子女入学政策，也将用人单位是否为其办理就业登记手续作为一个重要指标，由此可见，用人单位未按规定执行该项制度，有可能对劳动者权益造成重大损害。

根据《广东省实施〈中华人民共和国就业促进法〉办法》及有关规定，申办就业登记的责任主体是用人单位，即与劳动者建立劳动关系的，用人单位有义务在用工之日起三十日内为其办理就业登记手续，属于强制性要求。同时规定，用人单位与劳动者终止或者解除劳动关系的，有义务于十五日内，将终止或者解除劳动关系的有关信息，向办理就业登记的公共就业服务机构办理备案手续。

用人单位未按照规定为劳动者办理登记或者备案手续的，由人力资源和社会保障主管部门责令改正，并可按未办理登记或者备案人数处以每人一百元以上三百元以下的罚款；对劳动者造成损害的，应当承担赔偿责任。

《就业促进法》对用人单位未按规定办理就业登记的法律责任问题未作出规定，《广东省实施〈中华人民共和国就业促进法〉办法》属于地方性法规，根据《行政处罚法》第十一条第一款“地方性法规可以设定除限制人身自由、吊销营业执照以外的行政处罚”之规定，该办法有权设定罚款的行政处罚。本条规定的处罚标准参考了《广东省流动人员劳动就业管理条例》（已废止）有关未依法办理流动人员用工手续的法律责任规定，保障了执法的延续性、衔接性。

原劳动保障部《就业服务与就业管理规定》第七十五条规定“用人单位违反本规定第六十二条规定，未及时为劳动者办理就业登记手续的，由劳动保障行政部门责令改正，并可处以一千元以下的罚款”。实践中应当如何处理好本条规定与此规定的关系呢？根据《行政处罚法》第十二条第二款规定“尚未制定法律、行政法规的，前款规定的国务院部、委员会制定的规章对违反行政管理秩序的行为，可以设定警告或者一定数量罚款的行政处罚。罚款的限额由国务院规定”。根据国务院规定，国务院各部委制定的规章对非经营性活动中的违法行为罚款不得超过1000元。由此，在设定行政处罚方面，地方性法规比部门规章享有更大的权限；并且按照未办理登记或者备案人数计算罚款数额，实际是区分了违法情节的轻重，较好体现设定行政处罚的过罚相当原则。因此，在广东省行政区域内，对于用人单位未按规定及时为劳动者办理就业登记手续的，应当适用《广东省实施〈中华人民共和国就业促进法〉办法》处理。

本案中，该单位未按规定为 99 名劳动者办理就业登记手续，并且在接到人社部门的指令书后，逾期不履行，情节较为严重。为了维护劳动保障法律法规的严肃性和权威性，应当对该单位实施较重的行政罚款。由此，市人社局决定按照该单位未按规定未办理就业登记手续的人数以每人 300 元的标准顶格处罚，共计罚款 29700 元。最终，该单位依法整改并缴纳了罚款。

三、法律依据

1.**《就业促进法》第四十三条**　国家建立劳动力调查统计制度和就业登记、失业登记制度，开展劳动力资源和就业、失业状况调查统计，并公布调查统计结果。

统计部门和劳动行政部门进行劳动力调查统计和就业、失业登记时，用人单位和个人应当如实提供调查统计和登记所需要的情况。

2.**《广东省实施〈中华人民共和国就业促进法〉办法》第三十一条第一款**　用人单位招用劳动者，应当于用工之日起三十日内到就业地公共就业服务机构为劳动者办理就业登记手续；用人单位与劳动者终止或者解除劳动关系，应当于十五日内办理备案手续。

3.**《广东省实施〈中华人民共和国就业促进法〉办法》第五十四条**　用人单位未按照本办法第三十一条第一款规定为劳动者办理登记或者备案手续的，由人力资源和社会保障主管部门责令改正，并可按未办理登记或者备案人数处以每人一百元以上三百元以下的罚款；对劳动者造成损害的，应当承担赔偿责任。

4.**《就业服务与就业管理规定》第六十二条第一款**　劳动者被

用人单位招用的，由用人单位为劳动者办理就业登记。用人单位招用劳动者和与劳动者终止或者解除劳动关系，应当到当地公共就业服务机构备案，为劳动者办理就业登记手续。用人单位招用人员后，应当于录用之日起 30 日内办理登记手续；用人单位与职工终止或者解除劳动关系后，应当于 15 日内办理登记手续。

5. **《就业服务与就业管理规定》第七十五条** 用人单位违反本规定第六十二条规定，未及时为劳动者办理就业登记手续的，由劳动保障行政部门责令改正，并可处以一千元以下的罚款。

监察员手记：用人单位不按规定办理就业登记和失业登记手续，其危害性有三：一是国家和各地无法准确掌握劳动力供求状况和社会失业状况，不能适时推行和调整就业政策；二是有可能损害离职职工的合法劳动权益，如导致劳动者无法申领失业金，以及到新的用人单位后无法进行新的就业登记，影响劳动者就业等，对劳动者造成不必要的损失；三是影响异地务工人员的入户和子女入学，给劳动者家庭生活造成重大损害。当然，在监察执法中，一些企业也反映，招用员工，要分别办理就业登记、社会保险登记以及个人所得税申报等，大多数登记内容是重复的，建议相关政府部门对此进行合并登记。对此，为了更好地减轻企业负担，相关政府部门应密切合作，尽快完成合并登记工作。

案例 16

某大厦非法使用童工被行政处罚

一、案情简介

2013 年 1 月，胡某前往市劳动保障监察支队投诉，反映本市某大厦拖欠工资，接访前台登记时发现胡某入职该单位时未满 16 周岁。对此，市劳动保障监察支队决定立案调查。通过现场调查，调取了职工名册、入职登记表、工资表及考勤记录等资料，并对该单位负责人谈某某和胡某制作了调查询问笔录，查明了该单位非法使用童工的违法事实。经查，胡某，男，1996 年 8 月 14 日出生，2012 年 3 月 12 日，胡某路过该单位，看到张贴门口的招工广告，遂进门应聘，当日由谈某某负责面试，谈某某核查了胡某的身份证，发现其当时未满 16 周岁，但考虑到该单位招工困难，加之胡某再三请求录用，于是决定录用，并于当日为其办理了入职登记手续，次日，胡某开始到该单位上班。2013 年 1 月 22 日，胡某向谈某某提出辞职并要求当天结清工资未果，遂到市劳动保障监察支队投诉。

综上，该单位存在非法使用童工胡某五个月零一天（2012 年 3 月 13 日至 2012 年 8 月 14 日年满 16 周岁）的违法事实，违反了《劳动法》第十五条，《禁止使用童工规定》第二条、第四条的规定，根据《劳动法》第九十四条、《禁止使用童工规定》第六条的规定，市人社局依法向该单位下达《劳动保障监察限期改正指令书》，责令其 3 日内将胡某送回原居住地并交其父母。同时，市人社局决定对该单位非法使用童工的违法行为按照每使用一名童工每月处5000元罚款的标准给予处罚，以使用6个月计算，共计罚款30000元。该单位依法进行了整改并及时缴纳了罚款。

二、案例评析

《劳动法》第十五条第一款规定："禁止用人单位招用未满十六周岁的未成年人。"《未成年人保护法》《义务教育法》规定，不满十六周岁的未成年人应当接受九年制义务教育，禁止任何组织或个人招用不满十六周岁的未成年人就业。全国人大常委会在1998年12月批准国际劳工组织《准予就业最低年龄公约》时，重申在中华人民共和国领土内及中华人民共和国注册的运输工具上就业或者工作的最低年龄为十六周岁。不满十六周岁的未成年人没有完全的民事行为能力，他们的许多法律行为要由其监护人或者法定代理人来承担。同时，由于他们仍处在受教育阶段，受身心发育程度和认知水平的局限，一般还不具备为其自身成长发育所必需的自我生存和自我保护能力。使用童工行为严重侵害了不满十六周岁的未成年人的受教育权利、人身自由权利、健康权甚至生命权，对其健康成长将造成极为不利的影响。为保护未成年人的身心健康，促进义务教育制度的实施，维护未成年人的合法权益，通过法律规定最低就业年龄，禁止使用童工是世界各国的通行做法，也是国际劳工标准的核心标准之一。

2002年10月1日，国务院发布了修订的《禁止使用童工规定》（国务院令第364号），对禁止使用童工作了进一步明确规定。根据此规定，国家机关、社会团体、企业事业单位、民办非企业单位或者个体工商户均不得招用不满16周岁的未成年人。不满16周岁的未成年人的父母或者其他监护人应当保护其身心健康，保障其接受义务教育的权利，不得允许其被用人单位非法招用。用人单位招用人员时，必须核查被招用人员的身份证；对不满16周岁的未成年人，一律不得录用。用人单位录用人员的录用登记、核查材料应当妥善保管。对使用童工的单位或者个人，劳动部门必须严格按照《禁止使用童工规定》的罚款标准予以处罚，不得以任何理由减免。

用人单位使用童工的，由劳动保障行政部门按照每使用一名童工每月处5000元罚款的标准给予处罚。

本案中，某大厦负责人谈某某负责面试胡某，当场核实了胡某的身份证，发现其当时未满16周岁，经调查了解，谈某某知晓根据法律法规规定不得招用童工，但其考虑到当时招工困难以及胡某的再三请求，最终仍决定录用，其法制观念淡薄和以身试法的侥幸心理让人痛心。为了维护劳动保障法律法规的严肃性和权威性，保护少年儿童的身心健康，同时为了惩戒违法行为，市人社局决定对该单位非法使用童工的违法行为处以罚款，该单位存在非法使用童工胡某五个月零一天，应按六个月计算，处以罚款5000元×6＝30000元。

根据《禁止使用童工规定》及有关法律法规规定，用人单位招用员工时，一定要严格遵守程序规定，核实被招用人员的身份证明，严把“进入”关，预防和杜绝招用童工现象发生。在此特别提醒广大用人单位，要对法律怀着敬畏之心，应当遵守劳动保障法律法规的相关规定，不得使用童工，不要抱着侥幸心理而以身试法，否则，将承担相应的法律责任。

三、法律依据

1. **《劳动法》第十五条第一款** 禁止用人单位招用未满十六周

岁的未成年人。

2.**《劳动法》第九十四条** 用人单位非法招用未满十六周岁的未成年人的，由劳动行政部门责令改正，处以罚款；情节严重的，由市场监督管理部门吊销营业执照。

3.**《禁止使用童工规定》第二条** 国家机关、社会团体、企业事业单位、民办非企业单位或者个体工商户（以下统称用人单位）均不得招用不满16周岁的未成年人（招用不满16周岁的未成年人，以下统称使用童工）。

禁止任何单位或者个人为不满16周岁的未成年人介绍就业。

禁止不满16周岁的未成年人开业从事个体经营活动。

4.**《禁止使用童工规定》第四条** 用人单位招用人员时，必须核查被招用人员的身份证；对不满16周岁的未成年人，一律不得录用。用人单位录用人员的录用登记、核查材料应当妥善保管。

5.**《禁止使用童工规定》第六条** 用人单位使用童工的，由劳动保障行政部门按照每使用一名童工每月处5000元罚款的标准给予处罚；在使用有毒物品的作业场所使用童工的，按照《使用有毒物品作业场所劳动保护条例》规定的罚款幅度，或者按照每使用一名童工每月处5000元罚款的标准，从重处罚。劳动保障行政部门并应当责令用人单位限期将童工送回原居住地交其父母或者其他监护人，所需交通和食宿费用全部由用人单位承担。

用人单位经劳动保障行政部门依照前款规定责令限期改正，逾期仍不将童工送交其父母或者其他监护人的，从责令限期改正之日起，由劳动保障行政部门按照每使用一名童工每月处1万元罚款的标准处罚，并由工商行政管理部门吊销其营业执照或者由民政部门撤销民办非企业单位登记；用人单位是国家机关、事业单位的，由有关单位依法对直接负责的主管人员和其他直接责任人员给予降级或者撤职的行政处分或者纪律处分。

监察员手记：在查办此类案件中，大多数用人单位均知晓招用童工的法律责任，但招用童工的违法行为仍时有发生，主要原因是一些中小企业、个体工商户招工困难，加之法制观念淡薄，存在以身试法的侥幸心理。为此，一方面，政府就业政策应适当向中小企业倾斜，解决其招工难的问题；另一方面，对查处此类案件应及时向社会公布，以案释法，这样能够更好地起到警示作用。

案例 17

某信息咨询公司擅自从事职业中介活动被行政处罚

一、案情简介

2017 年 12 月，某区劳动保障监察大队接到群众举报，反映某信息咨询服务有限公司非法从事职业中介活动。当日，该大队指派监察员前往该公司经营场所展开调查。经现场调取招聘简章、求职登记表、中介收款收据等资料，以及对该公司员工和求职者制作调查询问笔录，查明如下：该信息咨询公司于 2016 年 6 月经工商登记成立，登记经营范围为企业管理咨询、商务信息咨询等。但该公司成立至今，在未取得人社部门颁发的《人力资源服务许可证》情况下，擅自从事职业中介活动，收取求职者和用人单位中介费共计 5100 元。对此，区劳动保障监察大队当即责令其停止非法职业中介活动。随后，区人社局对该公司作出两项行政处罚：一是没收违法所得 5100 元；二是处以罚款 40000 元。随后，该公司依法整改，并按期缴纳违法所得和罚款。

二、案例评析

近年来，一些未经许可和登记的“黑中介”擅自从事职业中介活动，蒙骗求职者，侵害求职者合法权益的问题屡有发生。有的向求职者提供虚假的招聘信息，骗取求职者的服务费；有的向求职者额外收取费用及各种名目的押金、保证金；有的扣押求职者的身份证或者其他证件，等等。为了加强对职业中介机构的管理，在《就业促进法》出台之前，原劳动保障部《劳动力市场管理规定》和原人事部《人才市场管理规定》分别对职业介绍机构和人才中介服务机构的设立设定了前置性行政审批许可，经上述机构申请，由行政部门依法许可，颁发《职业中介许可证》或者《人才中介许可证》后，方可从事职业中介活动。2008 年国务院机构改革，人事、劳动保障部门合并后，统一由人社部门依法许可并颁发《人力资源服务许可证》。另外，上述两个规定，以及地方性法规如《广东省职业介绍管理条例》，均明确规定，未经行政许可，擅自从事职业中介活动，将依法予以没收违法所得和处以罚款。

2008 年 1 月 1 日，《就业促进法》正式实施，该法明确规定了设立职业中介机构的条件和许可、登记的程序。即设立职业中介机构应当向人社部门申请行政许可，获得职业中介许可方可从事职业中介活动。《就业促进法》还明确规定了擅自从事职业中介活动的违法行为所应当承担的法律责任。上述国家法律层面的规定，更有利于打击非法职业中介违法行为，保护求职者的合法权益，维护良好的人力资源中介市场秩序。

实务中，劳动保障监察查处的擅自从事职业中介活动的案件，大多数是以经济信息服务部、房产交易信息服务部等从事职业介绍的情形出现。这些组织的经营范围是信息咨询或信息介绍等，但却同时以职业信息介绍为名，实际从事非法职业中介，利用职业中介概念不明确打擦边球，其违法行为具有一定的隐蔽性，增加了调查取证的难度。

未经许可和登记，擅自从事职业中介活动的，由劳动行政部门或者其他主管部门依法予以关闭；有违法所得的，没收违法所得，并处一万元以上五万元以下的罚款。

本案中，某信息咨询公司的工商登记经营范围为企业管理咨询、商务信息咨询等，并未取得行政部门颁发的职业中介许可证，擅自从事职业中介活动，监察执法人员在调查中发现，其介绍职业成功，才收取求职者和用人单位的费用，未介绍成功不收取费用或退还预先收取的费用，虽然其辩称未对求职者和用人单位造成实际损害，但其严重扰乱了人力资源中介市场秩序，应当依法追究其相应的法律责任。为此，区人社局对该公司作出两项行政处罚：一是没收违法所得 5100 元；二是处以罚款 40000 元。

三、法律依据

1.**《就业促进法》第四十条**　设立职业中介机构应当具备下列条件：

（一）有明确的章程和管理制度；

（二）有开展业务必备的固定场所、办公设施和一定数额的开办资金；

（三）有一定数量具备相应职业资格的专职工作人员；

（四）法律、法规规定的其他条件。

设立职业中介机构应当在工商行政管理部门办理登记证的，向劳动行政部门申请行政许可。

未经依法许可和登记的机构，不得从事职业中介活动。

国家对外商投资职业中介机构和向劳动者提供境外就业服务的职业中介机构另有规定的，依照其规定。

2.**《就业促进法》第六十四条** 违反本法规定，未经许可和登记，擅自从事职业中介活动的，由劳动行政部门或者其他主管部门依法予以关闭；有违法所得的，没收违法所得，并处一万元以上五万元以下的罚款。

3.**《广东省职业介绍管理条例》第二十八条** 违反本条例第七条、第十条规定，擅自设立职业介绍机构或从事职业介绍活动的，由劳动保障行政部门予以取缔，没收其违法所得，责令当事人赔偿受害者的经济损失，并处以三万元以上五万元以下的罚款；构成犯罪的，依法追究其刑事责任。

监察员手记：根据《就业促进法》及有关规定，职业中介实行行政许可，未经行政许可，不得从事职业中介活动，这是法律的强制性规定，必须遵守，否则将被追究相应的法律责任。但是，在监察执法中发现该行业存在一些问题，一是没有退出机制或退出机制形同虚设，一旦首次获得行政许可，不管是否守法经营，以后的年审很少没有通过的；二是新申请行政许可很难，即使达到申请标准，一些地方担心职介所过多，往往不审批新的许可。上述情况，从依法行政的角度都是不对的，我认为，对职业中介机构的进入和退出机制都应该严格执行，符合条件的应当依法审批其进入，进入后出现违法违规行为达到条件的，应当吊销其许可证或不通过其年审。由此，人力资源中介市场才能得到健康发展。

案例 18

某职介所发布虚假就业信息被行政处罚

一、案情简介

2016 年 10 月，某区劳动保障监察大队接到群众举报，反映某职业介绍所发布虚假就业信息。经立案查处，查明该职介所从当年 10 月 1 日开始，在其经营场所张贴两幅虚假就业信息广告，其内容为某大型跨国生产制造企业高薪招聘技术工人、安保人员。同时查实，该职介所为此收取 21 名求职者中介费每人 100 元共计 2100 元。对此，区人社局责令该职介所立即整改并退还涉及求职者的中介费 2100 元。同时，根据《中华人民共和国就业促进法》第六十五条之规定，区人社局决定对该职介所进行行政处罚，罚款 30000 元。随后，该职介所退还了求职者中介费并按期缴纳了罚款。

二、案例评析

实践中，职业中介机构从事职业中介活动有时很不规范，主要表现在：任意提高收费标准；服务质量低劣，对劳动者不负责任等。在执法中发现，最突出的是，有的职业中介机构违背诚实信用的原则，向劳动者提供虚假的就业信息，侵害劳动者的权益。甚至有的职业中介机构还与用人单位恶意串通，提供虚假就业信息，欺诈求职者以获得非法收益。为维护人力资源市场秩序，保护劳动者的就业权，必须加强对职业中介机构的职业中介活动进行监管。为此，原劳动保障部《劳动力市场管理规定》和原人事部《人才市场管理规定》，以及一些地方性法规如《广东省职业介绍管理条例》等法规、规章对提供虚假就业信息等作出了禁止性规定。2008年1月1日施行的《就业促进法》（2015修正）延续了我国一贯的做法，从国家法律层面对职业中介行为作出了禁止性规定，其中就包括职业中介机构不得提供虚假就业信息。

职业中介机构提供虚假就业信息等，由劳动行政部门或者其他主管部门责令改正；有违法所得的，没收违法所得，并处一万元以上五万元以下的罚款；情节严重的，吊销职业中介许可证。

本案中，某职介所提供虚假就业信息，21名求职者为此上当受骗，向其缴交每人100元共计2100元中介费，涉及的求职者无疑是权益被侵害者。因此，区人社局责令该职介所整改即撤除虚假的就业信息，并退还涉及求职者的中介费共计2100元。同时，根据《就业促进法》第六十五条之规定，对其作出行政处罚，罚款30000元。该职介所诚恳接受处理处罚，及时退还了求职者中介费并按期缴纳了罚款。

三、法律依据

1. **《就业促进法》第四十一条** 职业中介机构不得有下列行为：

（一）提供虚假就业信息；

（二）为无合法证照的用人单位提供职业中介服务；

（三）伪造、涂改、转让职业中介许可证；

（四）扣押劳动者的居民身份证和其他证件，或者向劳动者收取押金；

（五）其他违反法律、法规规定的行为。

2. **《就业促进法》第六十五条** 违反本法规定，职业中介机构提供虚假就业信息，为无合法证照的用人单位提供职业中介服务，伪造、涂改、转让职业中介许可证的，由劳动行政部门或者其他主管部门责令改正；有违法所得的，没收违法所得，并处一万元以上五万元以下的罚款；情节严重的，吊销职业中介许可证。

3. **《广东省职业介绍管理条例》第十六条第一款**　职业介绍机构、用人单位、求职者提供招聘、求职信息必须真实、有效。

4. **《就业服务与就业管理规定》第五十八条**　禁止职业中介机构有下列行为：

（一）提供虚假就业信息；

（二）发布的就业信息中包含歧视性内容；

（三）伪造、涂改、转让职业中介许可证；

（四）为无合法证照的用人单位提供职业中介服务；

（五）介绍未满 16 周岁的未成年人就业；

（六）为无合法身份证件的劳动者提供职业中介服务；

（七）介绍劳动者从事法律、法规禁止从事的职业；

（八）扣押劳动者的居民身份证和其他证件，或者向劳动者收取押金；

（九）以暴力、胁迫、欺诈等方式进行职业中介活动；

（十）超出核准的业务范围经营；

（十一）其他违反法律、法规规定的行为。

5. **《就业服务与就业管理规定》第七十四条**　职业中介机构违反本规定第五十八条第（一）、（三）、（四）、（八）项规定的，按照就业促进法第六十五条、第六十六条规定予以处罚。违反本规定第五十八条第（五）项规定的，按照国家禁止使用童工的规定予以处罚。违反本规定第五十八条其他各项规定的，由劳动保障行政部门责令改正，没有违法所得的，可处以一万元以下的罚款；有违法所得的，可处以不超过违法所得三倍的罚款，但最高不得超过三万元；情节严重的，提请工商部门依法吊销营业执照；对当事人造成损害的，应当承担赔偿责任。

监察员手记：监察执法中发现，职业中介机构发布虚假就业信息情况较为突出，因劳动者求职时大多处于失业状态，无收入来源，若职业中介机构再向其提供虚假就业信息，除了造成直接经济损失之外，更主要是大大浪费了求职时间，加之劳动者在求职期间的情绪本身比较波动，一旦发现自己被骗，极易出现过激行为，有可能发生恶性事件，以往多有求职者极端报复中介机构的新闻报道。在此，奉劝职业中介机构，务必守法诚信经营，否则其后果可能很严重。

案例 19

某人力资源服务公司开展业务未备案被责令整改

一、案情简介

2019 年 2 月，某市人社局人力资源市场处联合市劳动保障监察支队在对全市经营性人力资源服务机构开展专项检查活动时，发现某人力资源服务公司开展除职业中介之外的人力资源服务业务时，未依法向人社部门备案。市劳动保障监察支队于当日立案查处。

经查，该公司于 2018 年 11 月经工商登记成立，登记经营范围为职业中介、人力资源管理咨询、人力资源测评、人力资源培训、承接人力资源服务外包等人力资源服务业务。2018 年 12 月，该公司依法向市人社局申请行政许可，取得人力资源服务许可证。从

2019 年 1 月开始，该公司开展了包括职业中介在内的人力资源服务业务，但是未按规定从开展业务之日起 15 日内向市人社局备案，违反了《人力资源市场暂行条例》第十八条第二款之规定。对此，根据《人力资源市场暂行条例》第四十二条第二款之规定，市劳动保障监察支队向该公司下达《劳动保障监察限期改正指令书》，责令其限期整改。该公司按期整改，向市人社局进行了备案。

二、案例评析

2018 年 6 月 29 日，李克强总理签署第 700 号国务院令，公布《人力资源市场暂行条例》，自 2018 年 10 月 1 日起施行。条例认真落实“放管服”改革要求，针对人力资源服务机构管理方面，灵活运用许可、备案和告知等方式对经营性人力资源服务机构实施管理，大幅压缩行政许可范围，提升市场准入速度，努力做到审批更简、监管更强、服务更优，最大限度激发市场活力，切实增强企业的改革获得感。条例规定，经营性人力资源服务机构从事职业中介活动，应当向人社部门申请行政许可，取得人力资源服务许可证；从事除职业中介以外的人力资源服务业务的，应当自开展业务之日起 15 日内向人社部门备案。实行人力资源服务业务备案制度，对于人社部门掌握市场主体信息，有针对性地开展监督检查，维护人力资源市场秩序，推动和促进行业发展，具有重要意义。为了督促经营性人力资源服务机构依法履行备案义务，确保守法经营，条例规定了不依法备案的法律责任。

经营性人力资源服务机构开展人力资源供求信息的收集和发布、就业和创业指导、人力资源管理咨询、人力资源测评、人力资源培训、承接人力资源服务外包等人力资源服务业务的，应当自开展业务之日起 15 日内向人力资源社会保障行政部门备案。开展人

力资源服务业务未备案的，由人力资源社会保障行政部门责令改正；拒不改正的，处5000元以上1万元以下的罚款。

本案中，某人力资源服务公司在《人力资源市场暂行条例》实施后成立，依法向市人社局申请行政许可，取得人力资源服务许可证。但是，该公司随后开展除职业中介以外的人力资源服务业务时，未在开展业务之日起15日内向人力资源社会保障行政部门备案。上述行为违反了《人力资源市场暂行条例》第十八条第二款之规定，根据《人力资源市场暂行条例》第四十二条第二款之规定，市劳动保障监察支队向该公司下达《劳动保障监察限期改正指令书》，责令其限期整改。随后，该公司在规定期限内整改，向市人社局进行了备案。

三、法律依据

1. **《人力资源市场暂行条例》第十八条** 经营性人力资源服务机构从事职业中介活动的，应当依法向人力资源社会保障行政部门申请行政许可，取得人力资源服务许可证。

经营性人力资源服务机构开展人力资源供求信息的收集和发布、就业和创业指导、人力资源管理咨询、人力资源测评、人力资源培训、承接人力资源服务外包等人力资源服务业务的，应当自开展业务之日起15日内向人力资源社会保障行政部门备案。

经营性人力资源服务机构从事劳务派遣业务的，执行国家有关劳务派遣的规定。

2. **《人力资源市场暂行条例》第四十二条** 违反本条例第十八条第一款规定，未经许可擅自从事职业中介活动的，由人力资源社会保障行政部门予以关闭或者责令停止从事职业中介活动；有违法所得的，没收违法所得，并处1万元以上5万元以下的罚款。

违反本条例第十八条第二款规定，开展人力资源服务业务未备案，违反本条例第二十条、第二十一条规定，设立分支机构、办理变更或者注销登记未书面报告的，由人力资源社会保障行政部门责令改正；拒不改正的，处5000元以上1万元以下的罚款。

监察员手记：《人力资源市场暂行条例》认真落实“放管服”改革精神，除了开展职业中介需要行政许可之外，人力资源开展人力资源供求信息的收集和发布、就业和创业指导、人力资源管理咨询、人力资源测评、人力资源培训、承接人力资源服务外包等人力资源服务业务的，不再需要行政许可，但应当在规定期限内向人社部门备案。该备案属于法规规定的人力资源服务机构的法定义务，不依法备案，劳动保障监察机构应责令其限期改正，经责令改正仍拒不备案的，应当对其处以5000元以上1万元以下的罚款。

案例20

某国有公司招聘信息包含歧视性内容被举报

一、案情简介

2018年1月3日，残疾人朱某某通过EMS邮件向广东省某市人社局实名举报某国有公司招聘信息包含歧视残疾人、传染病病原携带者等内容，要求依法予以核实处理，并将处理结果书面告知其本人。市人社局按职责权限转交区人社局处理。

经查，2018年1月2日，该国有公司在当地人力资源网上发布“普工招聘简章”中“录用要求”一栏，要求应聘者“身体健康、无慢性、传染性、先天性疾病”等内容。违反了《就业促进法》

第二十六条、第二十九条第三款以及《广东省实施〈中华人民共和国就业促进法〉办法》第二十二条、第二十三条之“用人单位招用人员、职业中介机构从事职业中介活动，应当向劳动者提供平等的就业机会和公平的就业条件，不得实施就业歧视”。“用人单位招用人员，不得歧视残疾人”。“用人单位招用人员，除国家法律、行政法规和国务院卫生行政部门规定禁止传染病病原携带者从事的工作外，不得以是传染病病原携带者为由拒绝录用”。“任何单位和个人发布招聘信息，不得包含歧视性内容”。对此，区人社局约谈该公司人力资源部负责人，向其宣传关于公平就业的相关规定，要求就招聘简章内容依法整改。

1 月 5 日，该公司删除了招聘简章中涉及就业歧视性内容，并向人社局提交书面报告，表示将加强相关劳动保障法律法规学习，依法开展招聘活动。随后，市人社局将调查处理情况书面答复朱某某，其对人社部门的处理表示接受。

二、案例评析

劳动就业权是具有劳动权利能力和劳动行为能力的有劳动愿望的劳动者依法从事有劳动报酬或者经营收入的劳动的权利。劳动就业权在各项劳动权利中居于首要地位，是劳动者赖以生存的权利，是各国宪法确认和保护公民的一项重要基本权利。其中，平等就业权包含三层含义，一是任何公民都平等地享有就业的权利和资格，不因民族、种族、性别、年龄、文化、宗教信仰、经济能力等而受到限制；二是在应聘某一职位时，任何公民都需平等地参与竞争，任何人不得享有特权，也不得对任何人歧视；三是平等不等于同等，平等是指对于符合要求、符合特殊职位条件的人，应给予他们平等的机会，而不是不论条件如何都同等对待。平等就业权，意味着劳动者在就业时享受平等的权利，不因民族、种族、性别、宗教信仰、年龄、身体状况等因素而受歧视。

根据平等就业权原则的要求，除了一些特殊行业对就业有一定的特殊限制外，大部分职业与年龄、身高、容貌、性别、地域、户籍、学历等因素并无太多的关系，有关系的只是这个岗位需要什么样的专业素质或技术条件，只要求职者具备了这样的专业素质就可以参与岗位的平等竞争。劳动法明确规定“劳动者享有平等的就业机会”。因而，任何凭借在政治上、经济上和生理上的优势，歧视或剥夺他人参与社会劳动的行为，都是有悖于法律的。

根据《就业促进法》《残疾人保障法》及有关规定，残疾人同健康人一样，享有平等的劳动就业权，禁止就业中的残疾歧视。《残疾人就业条例》及有关地方性法规进一步明确规定安排残疾人就业是用人单位的法定义务，应当按照国家有关规定的比例安排残疾人就业，未达规定比例的，应当依法缴纳残疾人就业保障金。

我国是乙肝高流行地区，目前全国乙肝表面抗原携带者共有约1.25亿人。乙肝表面抗原携带者虽被乙肝病毒感染，也具有传染性，但肝功能在正常范围，肝组织无明显损伤，不表现为临床症状，在日常工作、社会活动中不会对周围人群构成威胁。目前，我国关于健康歧视主要指乙肝歧视。用人单位在招用人员时拒绝录用乙肝表面抗原携带者的情况十分普遍。《就业促进法》对此首次作出了禁止性规定。原劳动保障部《就业服务与就业管理规定》第六十八条进一步规定“用人单位……在国家法律、行政法规和国务院卫生行政部门规定禁止乙肝病原携带者从事的工作岗位以外招用人员时，将乙肝病毒血清学指标作为体检标准的，由劳动保障行政部门责令改正，并可处以一千元以下的罚款”。国家立法保障传染病病原携带者平等就业权是十分明确的。属于国家法律、行政法规和国务院卫生行政部门规定禁止从事的易使传染性病扩散的工作：一是接触直接入口食品的工作；二是公共场所直接为顾客服务的职业；三是饮水、饮食、整容、保育等职业；四是直接从事化妆品生产的工作。

招聘信息包含歧视性内容，是侵犯劳动者平等就业权的具体体现。招聘信息内容包含违反《劳动法》《就业促进法》《妇女权益保障法》《残疾人保障法》等法律法规有关保护公平就业规定的，就构成歧视。

目前就业市场上屡见不鲜的性别歧视、身高歧视、年龄歧视等现象，必须得到纠正。如“招聘前台文员一名，要求女性，身高1.60米以上，形象气质佳，年龄22岁至28岁，学历大专以上，有工作经验者优先，有珠海常住户口者优先”。这则招聘广告对劳动者提出了很多与工作内容无关的要求，带有明显的直接歧视。在这种情况下，劳动者可以依据《就业促进法》第六十二条的规定，直接向人民法院提起诉讼。

任何单位和个人发布招聘信息，不得包含歧视性内容。违反法律法规规定，实施就业歧视的，劳动者可以向人民法院提起诉讼。

本案中，某国有公司招聘普工，人社部门调查发现，其岗位并不需要特殊的限制，其招聘录用条件“身体健康、无慢性、传染性、先天性疾病”违反了《就业促进法》等法律法规有关保护公平就业的规定，构成歧视。对此，区人社局约谈该公司人力资源部负责人，向其宣传关于公平就业的相关规定，要求就招聘简章内容依法整改。关于劳动者受到就业歧视时的权利救济问题，欧美国家设立有专门的公平就业机构，由其受理劳动者关于就业歧视的投诉，然后由其开展举证工作，开展劳资双方调解，乃至依法对雇主进行处罚。而我国目前还没有专门的公平就业机构，《就业促进法》

及有关法律法规亦没有规定劳动者受到就业歧视，可以向劳动行政部门进行投诉。因此，目前我国在就业歧视的救济途径方面，只规定受害人可以向人民法院提起诉讼的司法救济渠道，依法追究违法行为人的法律责任，如责令改正，要求赔礼道歉，请求侵权损害赔偿等。本案中的举报人朱某某，其并未向该公司求职应聘，只是浏览招聘网站发现招聘信息涉嫌就业歧视内容而举报，其本身权益并未受到损害，因此不能向法院提起诉讼。但是，朱某某将实名举报内容向网上发布且引发了广泛关注，对该公司社会形象造成很大负面影响，其教训是深刻的！

三、法律依据

1. **《就业促进法》第三条**　劳动者依法享有平等就业和自主择业的权利。

劳动者就业，不因民族、种族、性别、宗教信仰等不同而受歧视。

2. **《就业促进法》第二十六条**　用人单位招用人员、职业中介机构从事职业中介活动，应当向劳动者提供平等的就业机会和公平的就业条件，不得实施就业歧视。

3. **《就业促进法》第二十七条**　国家保障妇女享有与男子平等的劳动权利。

用人单位招用人员，除国家规定的不适合妇女的工种或者岗位外，不得以性别为由拒绝录用妇女或者提高对妇女的录用标准。

用人单位录用女职工，不得在劳动合同中规定限制女职工结婚、生育的内容。

4. **《就业促进法》第二十九条**　国家保障残疾人的劳动权利。

各级人民政府应当对残疾人就业统筹规划，为残疾人创造就业条件。

用人单位招用人员，不得歧视残疾人。

5. **《就业促进法》第三十条** 用人单位招用人员，不得以是传染病病原携带者为由拒绝录用。但是，经医学鉴定传染病病原携带者在治愈前或者排除传染嫌疑前，不得从事法律、行政法规和国务院卫生行政部门规定禁止从事的易使传染病扩散的工作。

6. **《就业促进法》第六十二条** 违反本法规定，实施就业歧视的，劳动者可以向人民法院提起诉讼。

7. **《广东省实施〈中华人民共和国就业促进法〉办法》第二十条** 用人单位招用人员，除国家规定的不适合妇女的工种或者岗位外，不得以性别为由拒绝录用妇女或者提高对妇女的录用标准。

用人单位录用女职工，不得在劳动合同中约定限制女职工结婚、生育等含有性别歧视内容的条款。

8. **《广东省实施〈中华人民共和国就业促进法〉办法》第二十一条** 残疾人享有与其他劳动者平等的劳动权利。用人单位招用人员，不得歧视残疾人。

9. **《广东省实施〈中华人民共和国就业促进法〉办法》第二十二条** 用人单位招用人员，除国家法律、行政法规和国务院卫生行政部门规定禁止传染病病原携带者从事的工作外，不得以是传染病病原携带者为由拒绝录用。

10. **《广东省实施〈中华人民共和国就业促进法〉办法》第二十三条** 任何单位和个人发布招聘信息，不得包含歧视性内容。

11. **《广东省实施〈中华人民共和国就业促进法〉办法》第二十四条** 用人单位招用人员，不得因性别、身体、户籍等原因设置歧视性的薪酬标准。

12. **《残疾人就业条例》第八条** 用人单位应当按照一定比例

安排残疾人就业，并为其提供适当的工种、岗位。

用人单位安排残疾人就业的比例不得低于本单位在职职工总数的1.5%。具体比例由省、自治区、直辖市人民政府根据本地区的实际情况规定。

用人单位跨地区招用残疾人的，应当计入所安排的残疾人职工人数之内。

13. **《残疾人就业条例》第九条** 用人单位安排残疾人就业达不到其所在地省、自治区、直辖市人民政府规定比例的，应当缴纳残疾人就业保障金。

监察员手记：监察执法中发现，《就业促进法》第六十二条规定“违反本法规定，实施就业歧视的，劳动者可以向人民法院提起诉讼”。该规定属于原则性规定，即使劳动者提起诉讼，因自行收集证据较为困难，也难以维护自身合法权益。因此，建议国家应进一步加强反就业歧视的立法，如规定设立公平就业机构并赋予其相关职权，以及赋予劳动行政部门或其他政府部门依法查处就业歧视并作出处理处罚的权力，由此，劳动者的权益才能得到有效维护。

案例 21

提供虚假资料骗取稳岗补贴被行政处罚

一、案情简介

2017 年 6 月，广东省某市劳动保障监察支队接到市人社局就业促进和失业保险科移交的某贸易公司提供虚假资料骗取稳岗补贴的材料，某市劳动保障监察支队经报请领导批准立案调查。

经查，2017 年 3 月，某贸易公司向该市某区人社部门经办机构递交书面申请，申报稳岗补贴。经市人社局审核、市财政局复核通过，2017 年 5 月，最终由社保中心从失业保险基金中向该贸易公司支付失业保险稳岗补贴 5000 元。2017 年 6 月，该贸易公司员工向市人社局举报，称该公司上年度曾经被员工投诉，后经劳动保障监察机构查处并责令补缴包括失业保险费在内的社会保险费，不符合申请稳岗补贴的条件，但该公司隐瞒了上述事实，向人社部门提供了虚假资料，骗取失业保险稳岗补贴。经该局就业促进和失业保险科调查举报属实后，向该公司发出书面通知，要求其退还骗取的款项，但其拒不退还。调查核实后，市人社局对该公司提供虚假资料并骗取失业保险稳岗补贴的违法行为作出如下处理：一是向其下达《劳动保障监察限期改正指令书》，责令其限期退还骗取的补贴 5000 元；二是对其处以 10000 元罚款。随后，该公司退还了骗取的款项和缴纳了罚款。

二、案例评析

失业保险制度包括保障生活、促进就业、预防失业三大功能。2003 年以来，国家和各省市都将失业保险促进就业作为积极就业政策的重要内容，明确要求在确保失业保险基金收支平衡、保障失业人员基本生活的前提下，加大失业保险基金对预防失业、促进就业的投入。如《广东省实施〈中华人民共和国就业促进法〉办法》第九条规定“在确保各项失业保险待遇按时足额支付的基础上，县级以上人民政府可以按照国家和省的规定提取一定比例的失业保险基金，用于促进就业和稳定就业”。据了解，大多数省市失业保险基金滚存结余量都比较大，且继续呈增长趋势，具备了进一步发挥失业保险制度有关预防失业和促进就业功能的条件。

本案例中的某市为深入落实惠企减负政策，充分发挥失业保险促进就业、预防失业作用，根据国家和省的有关规定，结合本市实际，该市人社局出台了《关于做好失业保险支持企业稳定岗位工作的通知》，通知中规定，企业申请稳岗补贴的条件：一是正常经营、在本市依法参加失业保险并足额缴纳失业保险费；二是上年度未裁员或裁员率低于同期本市城镇登记失业率。同时规定，有下列条件之一的不得申请稳岗补贴：一是被投诉或举报，经劳动保障监察机构或社会保险费征缴机构查处并责令补缴失业保险费或缴费基数差额的；二是通过劳动仲裁或诉讼确认劳动关系，企业依据调解书或裁决书、法院判决书补缴失业保险费的；三是企业跨年度补缴失业保险费或缴费基数差额等。此外，通知中还特别说明，对于通过提供虚假资料骗取就业优惠待遇的情况，损害了就业资金安全，破坏了共同服务管理秩序，应当承担不利的法律后果。

单位或者个人提供虚假资料，获取有关就业补贴、资助、贴息的，由人力资源和社会保障主管部门责令退还相应款项，并处以两千元以上两万元以下的罚款；构成犯罪的，依法追究刑事责任。

本案中，某贸易公司知晓根据市人社局出台《关于做好失业保险支持企业稳定岗位工作的通知》的规定，即因其上年度曾经被员工投诉，后经劳动保障监察机构查处并责令补缴包括失业保险费在内的社会保险费，不符合申请稳岗补贴的条件，但该公司隐瞒了上述事实，向人社部门提供了虚假资料，最终骗取失业保险稳岗补贴 5000 元。对此，市人社局对该公司提供虚假资料并骗取失业保险稳岗补贴的违法行为作出如下处理：一是向其下达《劳动保障监察限期改正指令书》，责令其限期退还骗取的补贴 5000 元；二是对其处以 10000 元罚款。随后，该公司退还了骗取的款项和缴纳了罚款。

三、法律依据

1.《广东省实施〈中华人民共和国就业促进法〉办法》第九条　在确保各项失业保险待遇按时足额支付的基础上，县级以上人民政府可以按照国家和省的规定提取一定比例的失业保险基金，用于促进就业和稳定就业。

2.《广东省实施〈中华人民共和国就业促进法〉办法》第十九条　有关单位和个人向人力资源和社会保障主管部门申请领取本办法规定的补贴、资助时，应当如实填写申请表，并按照人力资源和社会保障主管部门公布的要求提供相关证明材料。

申请人提交材料齐全的，人力资源和社会保障主管部门应当自收到相关材料之日起十个工作日内提出审核意见。符合条件的，应当自提出审核意见之日起五个工作日内移交同级财政部门复核；不符合条件的，应当书面告知申请人并说明理由。

财政部门应当在十个工作日内复核完毕并拨付资金。各级人力资源和社会保障主管部门应当在人力资源和社会保障门户网站、有关村（居）民委员会、公共就业服务机构或者社会保险经办机构公示补贴、资助的情况，接受社会监督以及监察、审计等部门的监督检查。

3.《广东省实施〈中华人民共和国就业促进法〉办法》第五十八条　不符合规定条件被认定为就业困难人员或者享受有关补贴、资助、贴息等待遇的，人力资源和社会保障主管部门应当取消认定，追回相应款项。

单位或者个人提供虚假资料，获取有关补贴、资助、贴息的，由人力资源和社会保障主管部门责令退还相应款项，并处以两千元以上两万元以下的罚款；构成犯罪的，依法追究刑事责任。

监察员手记：骗取就业优惠待遇，包括骗取政府就业专项资金和骗取失业保险金，本案属于后者。一经查实，将被责令退还相应款项和行政处罚，骗取数额达到当地诈骗罪数额标准的，还将被追究刑事责任。另外，政府的相关就业补贴资金主要用于企业职工生活补助、缴纳社会保险费、转岗培训、技能提升培训等相关支出，申请企业应承诺按规定用途使用稳岗补贴资金，企业未按照规定的用途使用就业补贴资金的，按照前述规定处理。

案例 22

对实习学生超时实习和拖欠实习报酬被行政处罚

一、案情简介

2013 年 12 月，广东省某市劳动保障监察支队接到在校大学生陈某等投诉，称某电器公司拖欠实习报酬。经查，2013 年 9 月，某高校与某电器公司接洽，安排本校机电专业 40 名大四学生到该公司进行为期三个月的顶岗实习，学校、公司和实习学生签订了三方实习协议。三个月实习期满，该公司除按约定支付了首月的实习学生劳动报酬外，后两个月的劳动报酬均未按实习协议足额支付，拖欠陈某等 40 名实习学生报酬共计五万余元。另查明，该公司违法安排实习学生超时实习，在三个月实习期间，每周的实习工作时间均超过 40 小时。对此，市人社局做出如下处理：一是向该公司下达《劳动保障监察限期改正指令书》，责令其限期支付拖欠的实习报酬；二是对其安排学生周实习时间超过四十小时和拖欠学生实习报酬的违法行为处以警告的行政处罚；三是将某高校在本次实习期间实习单位侵害学生权益未及时采取有效措施制止的情况通报教育主管部门，由教育主管部门依法追究相关人员的责任。该公司诚恳接受处理处罚，在规定期限内向实习学生补发了拖欠的实习报酬。

二、案例评析

目前全国在校大学生约4000万名，以25%计，每年大概有1000万名在校大学生需要实习。但是，高校学生实习比较困难，由于大学生所具备的知识更偏向理论基础，较少实用层面的东西，加上实习时间又比较短，不能给企业自身带来多少实益，因此企业也不太愿意接受实习的大学生。为了提高学生的实践能力、创造能力、就业能力和创业能力，保障学生实习、见习的权利，维护学生的切身利益，保障经济社会的可持续发展，2010年1月22日，广东省第十一届人民代表大会常务委员会第十六次会议通过《广东省高等学校学生实习与毕业生就业见习条例》，自2010年3月1日起施行。这是全国首个以立法形式出台的高校学生实习与毕业生见习条例。《广东省高等学校学生实习与毕业生就业见习条例》主要内容包括立法目的和调整范围、组织与保障、实习规范与管理、见习规范与管理、扶持与奖励、法律责任六个方面。其中，对实习单位安排学生的工作时间和实习报酬作出了规定，并明确了违反规定的法律责任。

实习单位安排学生周实习时间超过四十小时，或者未按照规定或者约定，按时足额向学生支付实习报酬的，由人社部门处以警告、责令改正，并依法追究相关人员责任。

本案中，实习单位某电器公司安排实习学生的周实习时间超过了四十小时，以及未按照约定按时足额向学生支付实习报酬的行为，违反了《广东省高等学校学生实习与毕业生就业见习条例》第二十二条第（五）项及第二十三条之规定，根据该条例第五十五条第（二）项、第（三）项之规定，市人社局做出如下处理：一是向该公司下达《劳动保障监察限期改正指令书》，责令其限期支付拖欠的实习学生劳动报酬；二是对其安排学生周实习时间超过四十小时和拖欠学生实习报酬的违法行为处以警告的行政处罚；三是将某高校在本次实习期间实习单位侵害学生权益未及时采取有效措施制止的情况通报教育主管部门，由教育主管部门依法追究相关人员的责任。该公司接受处理处罚，在规定期限内向实习学生补发了拖欠的实习报酬。

三、法律依据

1. **《广东省高等学校学生实习与毕业生就业见习条例》第二十二条**　学校和实习单位不得有下列行为：

（一）安排未满十六周岁学生顶岗实习；

（二）安排学生到夜总会、歌厅、洗浴中心等场所实习；

（三）安排学生从事高毒、易燃易爆、国家规定的第四级体力劳动强度以及其他具有安全隐患的劳动，但完成学生本专业实习所必需的除外；

（四）安排学生在需要相应职业资格的岗位上顶岗实习；

（五）安排学生周实习时间超过四十小时；

（六）委托中介机构或者个人代为组织和管理实习；

（七）其他影响实习学生人身安全、身心健康的行为。

2. **《广东省高等学校学生实习与毕业生就业见习条例》第二十八条**　学生顶岗实习期间，实习单位应当按照同岗位职工工资的一定比例向学生支付实习报酬，具体比例由地级以上市人民政府根据本地实际情况予以确定。

非顶岗实习的学生，学校、实习单位和学生可以在实习协议中约定给予实习补助。

实习单位、学校应当按照规定或者约定，按时足额向学生支付实习报酬、实习补助，不得拖欠、克扣。

3.**《广东省高等学校学生实习与毕业生就业见习条例》第五十四条** 学校有下列行为之一的，由教育行政主管部门处以警告、责令改正，对拒不改正或者因工作失误造成重大损失的，对直接负责的主管人员和其他直接责任人员给予处分；构成犯罪的，依法追究刑事责任：

（一）未按规定安排实习经费或者挪用实习经费的；

（二）安排未满十六周岁学生顶岗实习的；

（三）安排学生到夜总会、歌厅、洗浴中心等场所实习的；

（四）拖欠、克扣学生实习补助的；

（五）未按照协议为学生购买意外伤害保险的；

（六）发现实习单位违反本条例规定侵害学生权益未及时采取有效措施制止的；

（七）其他影响学生实习或者侵害学生合法权益的行为。

4.**《广东省高等学校学生实习与毕业生就业见习条例》第五十五条** 实习、见习单位有下列行为之一的，由人力资源和社会保障部门处以警告、责令改正，并依法追究相关人员的责任：

（一）未为实习学生、见习人员提供必要的实习、见习条件和安全健康的实习、见习环境的；

（二）违法安排实习学生、见习人员超时实习、见习的；

（三）克扣、拖欠实习学生、见习人员的报酬、补助或者补贴的；

（四）未按照约定或者规定为实习学生、见习人员购买意外伤害保险的；

（五）其他侵害实习学生、见习人员合法权益的行为。

监察员手记：实习单位把招聘实习生当成廉价劳动力使用、学校通过组织学生实习牟利，从而导致学生合法权益受到损害等现象时有发生，但因实习学生与实习单位之间并非劳动关系，不属于劳动法、劳动合同法调整范围，在条例出台前，实习学生面临无法可依的维权尴尬，行政主管部门也面临无法可依的执法尴尬。条例出台后，在本省范围内很好地解决了上述两个问题。当然，该条例仅为地方性法规，建议全国其他地方借鉴广东的做法，也出台相应的地方性法规，从而最终由国家出台相应的行政法规或者法律。

案例23

未按规定发放高温津贴被行政处罚

一、案情简介

2015年8月，广东省某市劳动保障监察支队接到劳动者投诉，称本市某园林绿化公司未按规定向劳动者发放高温津贴。某市劳动保障监察支队当场受理其投诉并立案调查。

经查，某园林绿化公司为私营企业，于2014年11月通过公开招投标，获得了本市主城区公共绿地的三年的养护业务。2015年1月，该公司开始按照合同开展业务，其中招用了60名绿化养护工人。绿化养护工人在领取2015年6月、7月工资时发现未发放高温津贴，经工人向公司主张未果，遂向市劳动保障监察支队投诉。调查属实后，经办监察员向该公司宣传相关法律法规，因60名绿化养护工人从事露天岗位工作，根据相关规定，每年6月至10月期间，应当按月向其发放高温津贴。随后，市劳动保障监察支队以市人社局名义，依法向该公司下达《劳动保障监察限期改正指令书》，但该公司逾期未整改，并辩称已每天向绿化养护工人提供了清凉饮料，其成本已超过支付高温津贴的数额，因此公司不再发放高温津贴。对此，经办监察员再次约谈该公司负责人，向其指出根据《广东省高温天气劳动保护办法》规定，提供的清凉饮料不能充抵高温津贴，但其负责人仍不接受。鉴于此，市人社局依法向该公司发出《拟作出行政处罚告知书》，告知拟对其未向劳动者发放高温津贴且经责令改正拒不改正的违法行为处以10000元罚款。至此，该公司才认识到违法后果的严重性，立即向工人补发了高温津贴，并提交书面报告，表示今后会依法按月发放高温津贴。为了维护劳动保障法律法规的严肃性和权威性，虽然该公司最后进行了整改，仍应当对其予以惩戒。最终，市人社局对该公司处以罚款5000元。

二、案例评析

近年来，随着全球气候变暖，高温天气席卷中国各地，高温纪录屡被打破，社会各界对广大劳动者在高温天气下的劳动保护日益关注。2007年7月，卫生部、劳动和社会保障部、国家安全监管总局、全国总工会就曾发布《关于进一步加强工作场所夏季防暑降温工作的通知》。但该通知为规范性文件，不能作为监察执法的依据。2012年3月1日起施行的《广东省高温天气劳动保护办法》，作为地方政府规章，进一步明确了政府、媒体、用人单位、工会、企业联合会等各部门、组织的职能和义务，以及完善了相应的处罚机制。相比于以往的相关文件，《广东省高温天气劳动保护办法》明确规定了用人单位违法的法律责任。

未按规定未向劳动者发放高温津贴的，由县级以上人力资源社会保障主管部门责令限期改正，给予补发；逾期未改正的，处 2000 元以上 10000 元以下罚款。

本案中，某园林绿化公司有 60 名绿化养护工人从事露天岗位工作，根据《广东省高温天气劳动保护办法》规定，每年 6 月至 10 月期间，应当按月向上述工人发放高温津贴。该公司在接到《劳动保障监察限期改正指令书》后，拒不改正，并辩称已每天向工人提供了清凉饮料，其成本已超过支付高温津贴的数额，因此公司不再发放高温津贴。经办监察员约谈该公司负责人，向其指出其理解错误后仍不接受，可见其法制观念十分淡薄。鉴于此，市人社局依法向该公司发出《拟作出行政处罚告知书》，告知拟对其未向劳动者发放高温津贴且经责令改正拒不改正的违法行为处以 10000 元罚款。至此，该公司才认识到违法后果的严重性，立即向工人补发了高温津贴，并提交书面报告，表示今后会依法按月发放高温津贴。为了维护劳动保障法律法规的严肃性和权威性，虽然该公司最后进行了整改，仍应当对其予以惩戒。最终，市人社局对该公司处以罚款 5000 元。

三、法律依据

1. **《广东省高温天气劳动保护办法》第十三条**　每年 6 月至 10 月期间，劳动者从事露天岗位工作以及用人单位不能采取有效措施将作业场所温度降低到 33℃以下的（不含 33℃），用人单位应当按月向劳动者发放高温津贴。所需费用在企业成本费用中列支。

高温津贴标准和发放办法由省人力资源社会保障主管部门会同有关部门制定。

2. **《广东省高温天气劳动保护办法》第十四条**　每年 6 月至

10 月的高温天气期间，用人单位应当向从事露天工作和室内高温工作的劳动者免费提供符合食品安全标准的清凉饮料。

提供的清凉饮料不能充抵高温津贴。

3. **《广东省高温天气劳动保护办法》第二十一条** 用人单位违反本办法第十三条规定，未向劳动者发放高温津贴的，由县级以上人力资源社会保障主管部门责令限期改正，给予补发；逾期未改正的，处 2000 元以上 10000 元以下罚款。

4. **《广东省高温天气劳动保护办法》第二十二条** 用人单位违反本办法第十四条规定，未提供清凉饮料的，由县级以上人力资源社会保障主管部门责令改正；逾期未改正的，处 500 元以上 2000 元以下罚款。

监察员手记：政府出台高温津贴规章，既体现了政府对劳动者的关心，也体现了政府对高温作业者的尊重，但政策法规不落实，则等于没有。仅有法规的硬性规定，高温津贴问题不一定能得到很好的解决。为此，一是要加大宣传力度，使相关法规深入民心，人人皆知，在全社会树立起“尊重劳动者”的风气；二是要引导、鼓励劳动者维权，并主动做好劳动者的靠山；三是要加大监察执法力度，对不按规定发放高温津贴的用人单位坚决予以查处，由此，才能使高温津贴真正落到实处。

此外，用人单位应当采取合理的措施，将生产、劳动条件达到《广东省高温天气劳动保护办法》对于劳动保护条件规定的标准，做好高温津贴和清凉饮料的发放、登记等工作，并积极配合政府等相关部门及组织的监督和管理，避免因未落实《广东省高温天气劳动保护办法》中对于高温天气劳动保护的规定而使企业承担不必要的法律风险。

案例 24

未按照要求报送书面材料被行政处罚

一、案情简介

2006 年 9 月，某市劳动保障监察支队对某饰品工艺厂开展日常巡查，发现该单位违反最低工资标准。当日，市劳动保障监察支队以市劳动保障局名义向该单位发出《劳动保障监察调查询问通知书》，要求其在指定期限内派法定代表人或委托代理人前往支队接受调查询问，并提供工资表、考勤记录等有关用工管理台账。但是，该单位隐瞒支付劳动者的工资低于最低工资标准的违法事实，提供了虚假的工资表等资料。为此，市劳动保障局对该单位作出如下处理处罚：一是依法向其下达《劳动保障监察限期改正指令书》，责令其限期整改；二是对其处以 20000 元罚款。最终，该单位依法整改并缴纳了罚款。

二、案例评析

《劳动保障监察条例》第十一条规定，劳动保障行政部门对下列事项实施劳动保障监察：（一）用人单位制定内部劳动保障规章制度的情况；（二）用人单位与劳动者订立劳动合同的情况；（三）用人单位遵守禁止使用童工规定的情况；（四）用人单位遵守女职工和未成年工特殊劳动保护规定的情况；（五）用人单位遵守工作时间和休息休假规定的情况；（六）用人单位支付劳动者工资和执行最低工资标准的情况；（七）用人单位参加各项社会保险和缴纳社会保险费的情况；（八）职业介绍机构、职业技能培训机构和职业技能考核鉴定机构遵守国家有关职业介绍、职业技能培训和职业技能考核鉴定的规定的情况；（九）法律、法规规定的其他劳动保障监察事项。劳动保障监察的事项往往不能通过列举全面概括，同时，随着市场经济的发展和劳动保障法律法规的不断完善，该范围也在适时变动，如《劳动保障监察条例》实施以后，国家相继出台《劳动合同法》《就业促进法》《社会保险法》以及相关地方性法规，将劳务派遣单位遵守劳务派遣有关规定的情况、社会保险服务机构遵守社会保险相关规定的情况等也纳入了劳动保障监察的职权范围。

根据《劳动保障监察条例》第三十条之规定，妨害劳动保障监察应当受到行政处罚的行为有三类：一是无理抗拒、阻挠劳动保障行政部门依法实施劳动保障监察的；二是不按照劳动保障行政部门的要求报送书面材料，隐瞒事实真相，出具伪证或者隐匿、毁灭证据的；三是经劳动保障行政部门责令改正拒不改正，或者拒不履行劳动保障行政部门的行政处理决定的。构成上述违法行为之一，劳动行政保障部门可依法对违法行为人处以罚款。

用人单位应当遵守劳动保障法律、法规和规章，接受并配合劳动保障监察，不按照劳动行政部门的要求报送书面材料，隐瞒事实真相，出具伪证或者隐匿、毁灭证据的，由劳动行政部门责令改正，处2000元以上2万元以下的罚款。

本案中，某饰品工艺厂为了隐瞒支付劳动者的工资低于最低工资标准的违法事实，不按照《劳动保障监察调查询问通知书》要求如实提交用工管理台账，而是提供虚假的工资表等资料，企图逃避违反最低工资标准的法律责任。其情形属于“隐瞒事实真相，出具伪证”的违法行为，且违反最低工资标准在先，严重侵害了劳动者的合法权益，在劳动行政部门发现其违法行为时，又企图隐瞒事实真相并出具伪证，其违法行为情节严重，据此，市劳动保障局除责令其限期整改外，还依法对其实施顶格处罚，罚款 20000 元。

三、法律依据

1.**《劳动法》第八十五条**　县级以上各级人民政府劳动行政部门依法对用人单位遵守劳动法律、法规的情况进行监督检查，对违反劳动法律、法规的行为有权制止，并责令改正。

2.**《劳动保障监察条例》第六条**　用人单位应当遵守劳动保障法律、法规和规章，接受并配合劳动保障监察。

3.**《劳动保障监察条例》第十五条**　劳动保障行政部门实施劳动保障监察，有权采取下列调查、检查措施：

（一）进入用人单位的劳动场所进行检查；

（二）就调查、检查事项询问有关人员；

（三）要求用人单位提供与调查、检查事项相关的文件资料，并作出解释和说明，必要时可以发出调查询问书；

（四）采取记录、录音、录像、照像或者复制等方式收集有关情况和资料；

（五）委托会计师事务所对用人单位工资支付、缴纳社会保险费的情况进行审计；

（六）法律、法规规定可以由劳动保障行政部门采取的其他调查、检查措施。

劳动保障行政部门对事实清楚、证据确凿、可以当场处理的违反劳动保障法律、法规或者规章的行为有权当场予以纠正。

4.**《劳动保障监察条例》第三十条**　有下列行为之一的，由劳动保障行政部门责令改正；对有第（一）项、第（二）项或者第

（三）项规定的行为的，处2000元以上2万元以下的罚款：

（一）无理抗拒、阻挠劳动保障行政部门依照本条例的规定实施劳动保障监察的；

（二）不按照劳动保障行政部门的要求报送书面材料，隐瞒事实真相，出具伪证或者隐匿、毁灭证据的；

（三）经劳动保障行政部门责令改正拒不改正，或者拒不履行劳动保障行政部门的行政处理决定的；

（四）打击报复举报人、投诉人的。

违反前款规定，构成违反治安管理行为的，由公安机关依法给予治安管理处罚；构成犯罪的，依法追究刑事责任。

监察员手记：在此提醒广大用人单位，自觉接受并配合劳动保障监察是用人单位的法定义务，当劳动行政部门对用人单位实施劳动保障监察时，用人单位必须接受并配合劳动保障监察。不得以任何理由和借口拒绝接受调查或者不予配合调查；不得以任何理由阻挠劳动保障监察部门实施劳动保障监察；不得隐瞒事实真相，出具伪证或者隐匿、毁灭证据。否则，将面临行政处罚，构成犯罪的，将依法追究刑事责任。

第二部分　社会保险骗保案例

案例25

未依法为职工办理社会保险登记被行政处罚

一、案情简介

2012年4月，某市劳动保障监察支队在对本市某金属制品公司进行专项检查时发现，该单位未为部分职工办理社会保险登记。经查，该单位用工三十日以上的在职职工254名，已参加社会保险职工42名，未参加社会保险职工212名。根据《社会保险法》第八十四条之规定，市人社局依法向该单位下达《劳动保障监察限期改正指令书》，责令其限期为上述212名职工办理社会保险登记，但该单位逾期未履行。对此，根据市社保中心核定的未依法办理社会保险登记的212名职工2012年3月工资总额32.615万元，核定当月应缴未缴社会保险费9.7544万元，市人社局向该单位发出《拟作出行政处罚告知书》，告知拟对其按当月应缴未缴社会保险费数额的1.5倍处以罚款14.6316万元。至此，该单位才认识到违法问题的严重性，及时为上述职工办理了社会保险登记。为了维护劳动保障法律法规的严肃性和权威性，虽然该单位最后进行了整改，仍应当对其予以惩戒。最终，市人社局对该单位按当月应缴社会保险费数额的1倍处以罚款9.7544万元。

二、案例评析

社会保险费是社会保险基金的主要来源，用人单位能否按时足额缴纳社会保险费，关系到社会保险基金的安全和有效运行。同时，用人单位依法按时足额为劳动者缴纳社会保险费，也是其职工享受社会保险待遇的前提。而社会保险登记是社会保险费征缴的前提，是整个社会保险制度得以建立的基础。用人单位不办理社会保险登记，职工无从参保，社会保险行政部门也无法进行监督，因此《社会保险法》对用人单位社会保险登记做出明确规定。用人单位社会保险登记包括三种情况：一是用人单位成立后的社会保险登记，二是用人单位变更或注销登记，三是用人单位为职工办理社会保险登记。

本案中用人单位未依法办理社会保险登记属于第三种情况，根据《社会保险法》第五十八条规定，用人单位应当自用工之日起三十日内为其职工向社会保险经办机构申请办理社会保险登记。因为按劳动合同法的规定，用人单位自用工之日起即与劳动者建立劳动关系。用工之日，指用人单位实际用工，劳动者实际提供劳动之日。已签订劳动合同但未实际用工的，自实际用工之日起建立劳动关系。已实际用工，但未签订劳动合同的，不影响劳动关系的建立。建立劳动关系后，用人单位就有义务为职工办理社会保险登记。用人单位应当在三十日的期限内尽快为职工办理登记。然后，用人单位每月按照规定的时间和要求，以每个职工当月实际工资向社会保险经办机构申报当月的缴费工资，随后由社保系统自动计算本单位依法应缴纳的社会保险费。完成申报后，用人单位应当按时足额缴纳已申报的社会保险费。

用人单位不依法为职工办理社会保险登记的，由社会保险行政部门责令限期改正；逾期不改正的，对用人单位处应缴社会保险费数额一倍以上三倍以下的罚款，对其直接负责的主管人员和其他直接责任人员处五百元以上三千元以下的罚款。

本案中，该单位未依法自用工之日起三十日内为212名职工办理社会保险登记，经责令限期改正，但逾期未整改，根据《社会保险法》第八十四条之规定，应当对其处应缴社会保险费数额1倍至3倍的罚款。如果从该单位招用职工第二个月开始计算应缴未缴的社会保险费至查处当月，并以此为基数处以1倍至3倍的罚款，罚款金额过大。因此，根据劳动保障监察教育与处罚相结合的原则，一般选取未参保职工某个月或某几个月的应缴社会保险费为基数处以罚款，以达到惩罚教育，促使其整改的目的。鉴于该单位在接到《拟作出行政处罚告知书》以后，能够及时整改，因此，市人社局决定以上述212名未参保职工2012年3月应缴纳的社会保险费9.7544万元为基数处以1倍罚款9.7544万元，对该单位相关责任人员免于处罚。

特别提示，2011年7月1日《社会保险法》（2018修正）实施以后，按照“上位法优于下位法”原则，实施处罚不再适用《劳动保障监察条例》第二十七条“用人单位向社会保险经办机构申报应缴纳的社会保险费数额时，瞒报工资总额或者职工人数的，由劳动保障行政部门责令改正，并处瞒报工资数额1倍以上3倍以下的罚款”之规定。

三、法律依据

1. **《社会保险法》第五十七条**　用人单位应当自成立之日起三十日内凭营业执照、登记证书或者单位印章，向当地社会保险经办机构申请办理社会保险登记。社会保险经办机构应当自收到申请之日起十五日内予以审核，发给社会保险登记证件。

用人单位的社会保险登记事项发生变更或者用人单位依法终止的，应当自变更或者终止之日起三十日内，到社会保险经办机构办理变更或者注销社会保险登记。

市场监督管理部门、民政部门和机构编制管理机关应当及时向社会保险经办机构通报用人单位的成立、终止情况，公安机关应当及时向社会保险经办机构通报个人的出生、死亡以及户口登记、迁移、注销等情况。

2. **《社会保险法》第五十八条第一款** 用人单位应当自用工之日起三十日内为其职工向社会保险经办机构申请办理社会保险登记。未办理社会保险登记的，由社会保险经办机构核定其应当缴纳的社会保险费。

3. **《社会保险法》第八十四条** 用人单位不办理社会保险登记的，由社会保险行政部门责令限期改正；逾期不改正的，对用人单位处应缴社会保险费数额一倍以上三倍以下的罚款，对其直接负责的主管人员和其他直接责任人员处五百元以上三千元以下的罚款。

4. **《劳动保障监察条例》第二十七条第一款** 用人单位向社会保险经办机构申报应缴纳的社会保险费数额时，瞒报工资总额或者职工人数的，由劳动保障行政部门责令改正，并处瞒报工资数额1倍以上3倍以下的罚款。

监察员手记：用人单位未依法为劳动者办理社会保险登记，是严重的违法行为，劳动行政部门一直对此加大监察执法力度，依法处理处罚。同时，若用人单位未在招用劳动者一个月内办理社会保险登记，根据社会保险法及有关规定，劳动者可以通过向劳动行政部门投诉或者提起劳动仲裁、诉讼等方式，要求其补缴历史社会保险费。由此可见，用人单位未依法为劳动者办理社会保险登记，将面临补缴的民事责任、行政处罚等法律责任，其违法行为是得不偿失的。

案例 26

袁某某冒领养老金被追刑责

一、案情简介

2014 年 8 月，某市人社局接到群众举报，反映袁某某在其母亲刘某去世后，仍冒用其名领取养老保险金，骗取养老保险待遇。接到举报后，该市劳动保障监察支队立案调查。监察执法人员调查取证如下：一是向刘某临终前就诊的医院调取了病例病案；二是向殡仪馆调取了对刘某火化的证明材料；三是向银行调取了袁某某取款的监控录像和取款记录。随后，监察执法人员对袁某某进行了调查询问，在监察执法人员宣传教育下，在铁的事实面前，袁某某最终承认了冒领养老金的事实。违法事实如下：2013 年 8 月 22 日，袁某某母亲刘某因病去世，24 日在该市市殡仪馆火化。但袁某某作为刘某在该市的唯一直系亲属，未按规定向当地社保经办机构报告，而是拿着其母亲刘某生前领取养老金的银行卡，每月到银行自主柜员机取出养老金供自己享用。截至 2014 年 8 月案发，冒领 11 个月养老金共计 18359 元。

查证属实后，市人社局做出如下处理：一是向袁某某下达《劳动保障监察限期改正指令书》，责令其限期退回骗取的社会保险金；二是对袁某某处以骗取金额 3 倍的处罚；三是以涉嫌诈骗罪将该案移送公安机关处理。最终法院判决：袁某某犯诈骗罪，判处有期徒刑十一个月缓刑一年，并处罚金人民币二万五千元。

二、案例评析

骗取社会保险待遇主要是个人不符合享受社会保险待遇，欺诈、伪造证明材料或者其他手段骗取社会保险待遇。实践中，以欺诈、伪造证明材料或者其他手段骗取社会保险待遇有多种形式。如在养老保险待遇的支付环节：有的伪造身份证明或冒用他人身份证明；有的伪造、变造档案年龄、特殊工种年限和病例等办理提前退休；有的伪造、变造人事档案，以增加视同缴费年限；有的伪造、变造用工关系、工资报表等证明材料补缴养老保险费；有的伪造、变造养老保险待遇证明文件等，甚至出现了养老保险人已经去世，其亲属仍在领取养老保险金的案例。参保离退休人员死亡后，由于各种原因，加上受利益驱使，造成其家属延报、瞒报死亡时间，致使冒领养老金的现象时有发生。据不完全统计，从 1998 年到 2002 年，各地共查处冒领养老金人员 5 万多人，冒领金额为 1.4 亿多元。骗领、冒领社会保险基金等欺诈行为屡有发生，直接影响了社会保险基金安全。因此，有必要对此规定相应的法律责任。

以欺诈、伪造证明材料或者其他手段骗取社会保险待遇的，由社会保险行政部门责令退回骗取的社会保险金，处骗取金额二倍以上五倍以下的罚款；构成犯罪的，依法追究刑事责任。

本案中，袁某某在其母亲刘某因病去世以后，其作为刘某在该市的唯一直系亲属，隐瞒其母亲已死亡即丧失领取条件的事实，未按规定向当地社保经办机构报告，而是拿着其母亲生前领取养老金的银行卡，每月到银行自主柜员机取出养老金供自己享用，冒领 11 个月养老金共计 18359 元。案发后，虽然袁某某归还了全部涉案款，但其骗取养老保险金的违法犯罪行为已实施完成，且涉及金额较大，依法应追究其刑事责任。因此，市人社局以涉嫌诈骗罪将该案移送公安机关处理。最终，法院判决袁某某犯诈骗罪。

三、法律依据

1. **《社会保险法》第八十八条**　以欺诈、伪造证明材料或者其他手段骗取社会保险待遇的，由社会保险行政部门责令退回骗取的社会保险金，处骗取金额二倍以上五倍以下的罚款。

2. **《刑法》第二百六十六条**　诈骗公私财物，数额较大的，处三年以下有期徒刑、拘役或者管制，并处或者单处罚金；数额巨大或者有其他严重情节的，处三年以上十年以下有期徒刑，并处罚金；数额特别巨大或者有其他特别严重情节的，处十年以上有期徒刑或者无期徒刑，并处罚金或者没收财产。本法另有规定的，依照规定。

3. **全国人民代表大会常务委员会关于《中华人民共和国刑法》第二百六十六条的解释（2014 年 4 月 24 日第十二届全国人民代表大会常务委员会第八次会议通过）**

全国人民代表大会常务委员会根据司法实践中遇到的情况，讨论了刑法第二百六十六条的含义及骗取养老、医疗、工伤、失业、生育等社会保险金或者其他社会保障待遇的行为如何适用刑法有关规定的问题，解释如下：

以欺诈、伪造证明材料或者其他手段骗取养老、医疗、工伤、失业、生育等社会保险金或者其他社会保障待遇的，属于刑法第二百六十六条规定的诈骗公私财物的行为。

监察员手记：2014 年 4 月 24 日，第十二届全国人民代表大会常务委员会第八次会议通过的《中华人民共和国刑法》第二百六十六条的解释，明确骗取养老、医疗、工伤、失业、生育等社会保险金和其他社会保障待遇的，属于刑法所规定的诈骗公私财物的行为。这有利于打击社会保险骗保违法犯罪行为，更好地维护社保基金安全。在此，再次警示医疗机构等社会保险服务机构以及个人，不得骗取社会保险金，否则将可能面临刑事制裁。

案例 27

重复骗取养老保险金被公安机关立案侦查

一、案情简介

2018 年 3 月，根据市社保中心移交的线索材料，某市劳动保障监察支队对叶朵某涉嫌重复骗取养老保险金的行为立案查处。

经查，叶朵某，女，1958 年 8 月 28 日生，F 市人，于 1977 年 10 月开始在 F 市烟草公司工作，属企业固定员工。1990 年上半年，叶朵某前往 Z 市某社区卫生服务站工作，但 F 市烟草公司仍保留其劳动关系。1995 年，F 市烟草公司破产倒闭，根据当时国企关停破产的相关政策，叶朵某人事档案交由 F 市职工档案托管中心托管，并由托管中心为其按月参加社会保险，直至 2008 年 8 月叶朵某在 F 市办理了退休手续并开始按月领取养老保险金。1995 年 7 月，叶朵某在 F 市又违规办理了另一户口“叶梦某”，将出生时间由 1958 年 8 月 28 日改为 1961 年 8 月 28 日，同年通过当时的购房入户政策将“叶梦某”迁入 Z 市，但其在 F 市的户口叶朵某并未注销。

另据查明，2011 年 4 月 22 日，叶朵某以“叶梦某”名义向 Z 市社保中心申请办理了 1996 年 1 月至 2005 年 11 月即在某社区卫生服务站工作期间的养老保险补缴手续。2011 年 8 月，叶朵某以“叶梦某”名义在 Z 市办理了退休手续，次月开始在 Z 市领取养老保险金。2016 年 7 月，因家庭婚姻纠纷，其丈夫向 Z 市人社局举报叶朵某重复领取养老金的情况，Z 市社保中心于 2017 年 11 月开始暂停向其支付养老金。2011 年 9 月至 2017 年 10 月，叶朵某以“叶梦某”名义在 Z 市领取养老保险金共计 12.78 万元。

综上所述，叶朵某隐瞒从 2008 年 9 月开始在 F 市领取养老金的事实，利用虚构的身份证明，在 Z 市参加社会保险，并在缴费累计年限未满十五年的情况下，通过补缴社会保险费方式，重复领取养老保险金，已构成《社会保险法》第八十八条“以欺诈、伪造证明材料或者其他手段骗取社会保险待遇”的违法行为，同时，因骗取数额较大，其行为已涉嫌构成诈骗罪。为此，Z 市人社局作出如下处理：一是向叶朵某下达《劳动保障监察限期改正指令书》，责令其退回骗取的社会保险金；二是以涉嫌诈骗罪将该案移送公安机关处理。随后，叶朵梦在指令期限内向 Z 市社保中心退还了领取的全部养老金。2018 年 5 月，Z 市公安局某分局决定对叶朵某诈骗案立案侦查。

二、案例评析

根据《社会保险法》及有关规定，职工应当参加基本养老保险，由用人单位和职工共同缴纳基本养老保险费。参加基本养老保险的个人，达到法定退休年龄时累计缴费满十五年的，按月领取基本养老金。基本养老金，是指在劳动者年老或丧失劳动能力后，根据他们对社会所作的贡献和所具有的享受养老保险资格或退休条件，由基本养老保险基金以货币形式支付的经济待遇，主要功能是保障职工退休后的基本生活。根据规定，一个人只能在一地领取一份基本养老金，由于历史原因或参保信息不联网，参保人员先后在不同统筹地区参加工作，在各地均参加了养老保险，导致在达到法定退休年龄时，有可能在两个或两个以上统筹地方均可以享受养老保险待遇，对此，待遇领取人员应当自行选择一个经办机构作为其养老保险待遇的发放机构。对涉嫌欺诈、伪造档案及参保信息、证明材料或用其他手段，骗取养老保险待遇的和拒不退还养老金的，按《社会保险法》第八十八条、《刑法》第二百六十六条的规定，由社会保险行政部门责令退回骗取的社会保险金，并处骗取金额二倍以上五倍以下的罚款，情节严重的移送公安机关，依法追究其刑事责任。

以欺诈、伪造证明材料或者其他手段骗取社会保险待遇的，由社会保险行政部门责令退回骗取的社会保险金，处骗取金额二倍以上五倍以下的罚款；构成犯罪的，依法追究刑事责任。

本案中，叶朵某隐瞒已开始在F市享受养老保险待遇的事实，为了达到在Z市重复领取养老保险金的目的，通过虚构身份证明，在Z市参加社会保险，并通过申请劳动关系认定办理了养老保险补缴手续，从而骗取养老保险金，其违法行为性质恶劣，涉及金额较大，依法应承担相应的法律责任。市人社局依法将该案移送公安机关处理，公安机关决定立案侦查，等待叶朵某的将是法律的严惩！

三、法律依据

1.**《社会保险法》第八十八条** 以欺诈、伪造证明材料或者其他手段骗取社会保险待遇的，由社会保险行政部门责令退回骗取的社会保险金，处骗取金额二倍以上五倍以下的罚款。

2.**《刑法》第二百六十六条** 诈骗公私财物，数额较大的，处三年以下有期徒刑、拘役或者管制，并处或者单处罚金；数额巨大或者有其他严重情节的，处三年以上十年以下有期徒刑，并处罚金；数额特别巨大或者有其他特别严重情节的，处十年以上有期徒刑或者无期徒刑，并处罚金或者没收财产。本法另有规定的，依照规定。

3. 全国人民代表大会常务委员会关于《中华人民共和国刑法》第二百六十六条的解释（2014年4月24日第十二届全国人民代表大会常务委员会第八次会议通过）

全国人民代表大会常务委员会根据司法实践中遇到的情况，讨论了刑法第二百六十六条的含义及骗取养老、医疗、工伤、失业、生育等社会保险金或者其他社会保障待遇的行为如何适用刑法有关规定的问题，解释如下：

以欺诈、伪造证明材料或者其他手段骗取养老、医疗、工伤、失业、生育等社会保险金或者其他社会保障待遇的，属于刑法第二百六十六条规定的诈骗公私财物的行为。

监察员手记：因历史原因或参保信息不联网，参保人员先后在不同地区参加工作，在各地重复参加了养老保险，造成可以重复领取养老保险待遇，根据有关规定，待遇领取人员应当自行选择一个经办机构作为其养老保险待遇的发放机构，其他重复发放养老保险待遇的经办机构对其养老保险关系予以清理。对此情况，因参保人对重复参保不具有主观故意，在实践中，对参保人是免于行政处罚和刑事制裁的。但是，对于涉嫌欺诈、伪造档案及参保信息、证明材料或用其他手段骗取养老保险待遇的和拒不退还养老金的，应当按《社会保险法》第八十八条、《刑法》第二百六十六条的规定，由社会保险行政部门责令退回骗取的社会保险金，并处骗取金额二倍以上五倍以下的罚款，情节严重的移送公安机关，依法追究其刑事责任。本案即属于上述情形，叶朵某为了重复骗取养老保险金，可谓处心积虑，但是，法网恢恢疏而不漏，叶朵某最终将受到法律的制裁。

案例28

一男子伪造妻子死亡证明骗取11万元社保金获刑5年

一、案情简介

2016年12月，S市B区某工厂的人事主管在给员工申报当月应缴纳的社会保险费时，发现不能对一名叫潘某某的女员工进行社保申报，经向当地社保局电话了解，被告知因社保系统显示潘某某已死亡，其养老待遇也已申领，所以无法继续参保。随后，该厂人事主管陪同潘某某到社保局进一步了解情况。经社保局工作人员查阅资料显示，一个月前，一名叫梁某的男子，向社保局提交了潘某某本人身份证以及《户口注销证明》《死亡证明》《遗体火化证明》等材料，注销了潘某某的社保账户，并领取了潘某某个人养老保险账户的余额、丧葬补助金和抚恤金共11万余元。鉴于此，S市社保局稽核处决定对该案立案查处（S市人社局委托社保局查处社会保险骗保案件）。

经查，梁某系潘某某丈夫，两人生育有四个孩子，但是双方感情并不好，2016年6月，梁某因为琐事把潘某某和孩子都赶出了家门。因潘某某被赶出家门时没有带走身份证，梁某打起了伪造妻子死亡并骗取社保金的罪恶主意。首先，梁某找到潘某某户籍所在地的村委会主任，谎称潘某某在S市生病死亡，要求开具《死亡证明》，村委会主任未经认真核实便向其开具了潘某某的死亡证明。随后，梁某持村委会《死亡证明》到户籍所在地派出所注销了潘某某的户口，并顺利拿到潘某某的《户口注销证明》。接下来，梁某伪造了户籍所在地派出所的《死亡证明》及殡仪馆的《遗体火化证明》。最后，梁某向 S 市社保局提交了上述骗取和伪造的证明材料，申请注销了潘某某的社保账户，并领取了潘某某个人养老保险账户的余额、丧葬补助金和抚恤金共 11 万余元。

调查核实上述情况后，S 市社保局稽核处工作人员电话联系上梁某，要求其到社保局接受调查处理，并告知其骗取社会保险的法律责任并劝导他退回冒领的保险金。但是，梁某在电话里矢口否认来过社保局并拒绝接受调查处理。为此，2017 年 1 月，S 市社保局以涉嫌诈骗罪将该案移送公安机关处理。2017 年 4 月，梁某被警察抓获。2017 年 12 月，S 市 B 区人民法院作出一审判决。法院认为，梁某诈骗罪成立，诈骗金额超过了 10 万元，判处五年有期徒刑。梁某不服一审判决提起上诉。2018 年 4 月，S 市中级人民法院作出二审判决，维持原判。另，潘某某的社保账户已经恢复正常，其损失的养老保险权益已得到了社保局的补偿。

二、案例评析

根据《社会保险法》及有关规定，参加基本养老保险的个人，因病或者非因工死亡的，其遗属可以领取丧葬补助金和抚恤金。丧葬补助金，是指为了减轻职工家属因办丧事而增加的经济负担，给予的一次性补助。抚恤金，是指为了保证由死亡职工供养的直系亲属不因供养人死亡而断绝生活来源，给予的基本生活费用。这样规定，体现了基本养老金对参保人员的关怀，有助于增加基本养老保险制度的吸引力。丧葬补助金和抚恤金也是职工参保享受养老保险待遇的一部分，目前全国没有统一的标准，由各地规定。另外，个人退休前或者退休后因病或者非因工死亡的，其个人账户的余额可以作为遗产由遗属继承，单位缴纳的基本养老保险费进入统筹基金，作为社会互济资金，遗属不能主张继承权。但是，享受上述待遇的前提，是参保人因病或者非因工死亡，而通过骗取和伪造证明材料，虚构参保人死亡的方法骗取社保金，属于违法犯罪行为，根据《社会保险法》第八十八条、《刑法》第二百六十六条的规定，由社会保险行政部门责令退回骗取的社会保险金，并处骗取金额二倍以上五倍以下的罚款，情节严重的移送公安机关，依法追究其刑事责任。

以欺诈、伪造证明材料或者其他手段骗取社会保险待遇的，由社会保险行政部门责令退回骗取的社会保险金，处骗取金额二倍以上五倍以下的罚款；构成犯罪的，依法追究刑事责任。

本案中，梁某为了达到骗取其妻子的社保金的非法目的，通过骗取和伪造证明材料，虚构其妻子死亡的方法，以牺牲自由、牺牲20余年的夫妻感情与4个孩子的父子之情为代价，骗取社保金，真可谓丧心病狂。其违法行为，性质恶劣，涉及金额较大，依法应承担相应的法律责任。市社保局依法将该案移送公安机关处理，并最终由人民法院判决梁某诈骗罪成立，诈骗金额超过了10万元，属于情节较重，判处五年有期徒刑。同时，社保局依法恢复了受害者潘某某的社保账户，其损失的养老保险权益得到了社保局的补偿。

三、法律依据

1. **《社会保险法》第八十八条** 以欺诈、伪造证明材料或者其他手段骗取社会保险待遇的，由社会保险行政部门责令退回骗取的社会保险金，处骗取金额二倍以上五倍以下的罚款。

2. **《刑法》第二百六十六条** 诈骗公私财物，数额较大的，处三年以下有期徒刑、拘役或者管制，并处或者单处罚金；数额巨大或者有其他严重情节的，处三年以上十年以下有期徒刑，并处罚金；数额特别巨大或者有其他特别严重情节的，处十年以上有期徒刑或者无期徒刑，并处罚金或者没收财产。本法另有规定的，依照规定。

3. 全国人民代表大会常务委员会关于《中华人民共和国刑法》第二百六十六条的解释（2014 年 4 月 24 日第十二届全国人民代表大会常务委员会第八次会议通过）

全国人民代表大会常务委员会根据司法实践中遇到的情况，讨论了刑法第二百六十六条的含义及骗取养老、医疗、工伤、失业、生育等社会保险金或者其他社会保障待遇的行为如何适用刑法有关规定的问题，解释如下：

以欺诈、伪造证明材料或者其他手段骗取养老、医疗、工伤、失业、生育等社会保险金或者其他社会保障待遇的，属于刑法第二百六十六条规定的诈骗公私财物的行为。

监察员手记：按规定，注销户口一般需要死亡人的户口本、身份证、《死亡证明》和《火化证明》。《死亡证明》一般由医院开具；也可以由当地的村委会、居委会出具，但须经当地片区警方核实，才能注销户口。但是，本案中，当地派出所并没有要求梁某提交《火化证明》，对潘某某是否死亡的情况也没有深究就直接注销了户口。由此，导致梁某最终得以骗取社保金，严重危害了社保基金的安全和完整。由此，相关工作人员也应该予以反思，并加强对材料的审查审核，不给违法犯罪人员可乘之机。

案例 29

某民营医院虚报诊疗项目骗取医保基金被行政处罚和移送公安机关处理

一、案情简介

2016 年 8 月，某市劳动保障监察支队接到市社保中心移交的某民营医院涉嫌骗取医保基金支出的材料。某市劳动保障监察支队报请领导批准立案调查。

经查，2014 年 1 月至 2016 年 6 月期间，该民营医院伪造徐某某、鲍某某等 14 名参保人的住院、用药记录等资料，骗取医保基金支出 32971 元。该民营医院向市社保中心虚报诊疗项目套取医疗保险基金，已构成《社会保险法》第八十七条“以欺诈、伪造证明材料或者其他手段骗取社会保险基金支出”的行为。为此，根据《社会保险法》第八十七条及有关规定，市人社局对该医院作出如下处理：一是向其下达《劳动保障监察限期改正指令书》，责令其限期退还骗取的社会保险金；二是对其处以骗取金额三倍的行政处罚，共计罚款 98913 元；三是因其骗取社会保险金数额较大，其行为已涉嫌诈骗罪，依法将该案移送公安机关处理。

二、案例评析

骗取医疗保险基金支出，是指社会保险经办机构以及医疗机构、药品经营单位等社会保险服务机构以欺诈、伪造证明材料或者其他手段骗取医疗保险基金支出的行为。其违法情形主要有六类：

一是允许非参保人以参保人名义就医的；二是允许使用医疗保险基金支出应当由参保人自付、自费的医疗费用；三是允许使用医疗保险个人账户基金购买保健品、化妆品及其他用品的；四是提供虚假疾病诊断证明、病历、处方和医疗费票据等资料的；五是向参保人提供不必要的医疗服务和过度医疗服务的；六是转借医疗保险 POS 机（服务终端）给非定点单位或代非定点单位使用医疗保险个人账户基金进行结算等。

骗取社会保险待遇或者骗取社会保险基金的行为，会直接给社会保险基金造成损失。社会保险基金主要由用人单位、职工个人缴纳的社会保险费、社会保险基金的利息和法律法规规定纳入社会保险基金的其他资金组成，是各项社会保险待遇给付的资金来源，是实行社会保险全社会统筹的基石，社会保险基金的流失直接影响到整个社会保险制度体系能否有效运转。因此，必须对骗取社会保险待遇、骗取社会保险基金的单位和个人予以惩罚，维护社会保险基金的完整性，从而保护参保群众充分享受各项社会保险待遇。

社会保险经办机构以及医疗机构、药品经营单位等社会保险服务机构以欺诈、伪造证明材料或者其他手段骗取社会保险基金支出的，由社会保险行政部门责令退回骗取的社会保险金，处骗取金额二倍以上五倍以下的罚款；属于社会保险服务机构的，解除服务协议；直接负责的主管人员和其他直接责任人员有执业资格的，依法吊销其执业资格；构成犯罪的，依法追究刑事责任。

本案中，该民营医院通过虚报诊疗项目等方式向市社保中心套取医保基金，在社会保险行政部门立案调查中，虽然能够积极配合调查，并在接到指令书后及时全额退还骗取的社会保险金，挽回了社保基金损失。但该民营医院违法行为较为恶劣，为了维护社会保险法律法规的严肃性和权威性，警示社会保险服务机构和相关责任人守法经营，应当依法给当事人一定的惩戒，由此，市人社局决定对该民营医院处以骗取金额三倍的罚款，共计罚款 98913 元。另外，该民营医院骗取社会保险金数额较大，已达到当地诈骗刑事案件数额标准，因此，市人社局以涉嫌诈骗罪将该案依法移送公安机关处理。

三、法律依据

1. **《社会保险法》第八十七条** 社会保险经办机构以及医疗机构、药品经营单位等社会保险服务机构以欺诈、伪造证明材料或者其他手段骗取社会保险基金支出的，由社会保险行政部门责令退回骗取的社会保险金，处骗取金额二倍以上五倍以下的罚款；属于社会保险服务机构的，解除服务协议；直接负责的主管人员和其他直接责任人员有执业资格的，依法吊销其执业资格。

2. **《刑法》第二百六十六条** 诈骗公私财物，数额较大的，处三年以下有期徒刑、拘役或者管制，并处或者单处罚金；数额巨大或者有其他严重情节的，处三年以上十年以下有期徒刑，并处罚金；数额特别巨大或者有其他特别严重情节的，处十年以上有期徒刑或者无期徒刑，并处罚金或者没收财产。本法另有规定的，依照规定。

3. **全国人民代表大会常务委员会关于《中华人民共和国刑法》第二百六十六条的解释（2014 年 4 月 24 日第十二届全国人民代表大会常务委员会第八次会议通过）**

全国人民代表大会常务委员会根据司法实践中遇到的情况，讨论了刑法第二百六十六条的含义及骗取养老、医疗、工伤、失业、生育等社会保险金或者其他社会保障待遇的行为如何适用刑法有关规定的问题，解释如下：

以欺诈、伪造证明材料或者其他手段骗取养老、医疗、工伤、失业、生育等社会保险金或者其他社会保障待遇的，属于刑法第二百六十六条规定的诈骗公私财物的行为。

监察员手记：定点医疗机构以欺诈、伪造证明材料或者其他手段骗取社会保险基金支出，因实施违法行为便利，往往骗取金额较大，给社会保险基金造成重大损失，社会危害性较大。对此，一要建立完善严格的监督体制，扎紧制度的笼子，堵住骗保漏洞；二要加强普法教育，引导广大定点医疗机构相关责任人员自觉学法、知法、懂法、守法，对于骗保行为的后果有正确认知；三是对骗保行为应加大监察执法力度，发现一起查处一起，并从快从重处罚和移送公安机关处理，对骗保违法犯罪行为零容忍。

案例30

某公立医院通过挂床住院方式骗取医保基金被行政处罚

一、案情简介

2018年10月，某市劳动保障监察支队接到纪检监察机关移交的某公立医院涉嫌骗取医保基金支出的材料。市劳动保障监察支队报请领导批准立案调查。

经查，2015年7月至2017年6月期间，该公立医院康复科，针对李某某、崔某某等30名参保人因腰间盘突出等需要康复治疗而又不愿按规定自付相关费用的情况，采取“挂床住院”的方式，将需由参保人自付的康复理疗项目，通过编造住院治疗材料，将其纳入医保诊疗报销项目，骗取医保住院床位费及其他医保诊疗费用共计126430.57元。对此，根据《社会保险法》第八十七条及有关规定，市人社局对该医院作出如下处理：一是向其下达《劳动保障监察限期改正指令书》，责令其限期退还骗取的社会保险金；二是对其处以骗取金额5倍的行政处罚，共计罚款632152.85元；三是由社保中心依据《定点医疗机构服务协议》，解除服务协议；四是建议卫生部门对该院相关医务人员作出处理；五是因骗取社会保险金数额较大，其行为已涉嫌诈骗罪，依法将该案移送公安机关处理。

二、案例评析

基本医疗保险基金支付的范围包括参保人员治病所需要的基本用药、基本诊疗项目、医疗服务设施以及急诊、抢救的医疗费用。这些费用只有纳入基本医疗保险药品目录、诊疗项目目录的范围，符合医疗服务设施标准，才能由统筹基金予以支付。国家确定基本医疗保险药品目录、诊疗项目、医疗服务设施标准等，一方面有利于保障参保人在生病时能够切实享受到必要的医疗待遇，另一方面也有利于加强对基本医疗保险基金的支出管理，保证基金的安全。基本医疗保险服务设施是指由定点医疗保险机构提供的，参保人在接受诊断、治疗和护理过程中必需的生活服务设施，其费用主要包括住院床位费及门（急）诊留观床位费。基本医疗保险住院床位费支付标准，由各统筹地区社会保险行政部门按照本省物价部门规定的普通住院病房床位费标准确定。

参保人住院床位费由医疗保险基金支付，减轻了患病职工的负担，有利于进一步增强制度的吸引力和参保的积极性。但是，一些定点医院，为了骗取医保基金，通过住院床位作假，即通常所说的"挂床住院"，办理住院手续后不实际住院治疗，进而通过虚报诊疗项目等方式，骗取医保住院床位费及其他医保诊疗费用。其行为均属于骗取医保基金支出的违法行为，一经查实，相关责任单位和责任人应当承担相应的法律责任。

社会保险经办机构以及医疗机构、药品经营单位等社会保险服务机构以欺诈、伪造证明材料或者其他手段骗取社会保险基金支出的，由社会保险行政部门责令退回骗取的社会保险金，处骗取金额二倍以上五倍以下的罚款；属于社会保险服务机构的，解除服务协议；直接负责的主管人员和其他直接责任人员有执业资格的，依法吊销其执业资格；构成犯罪的，依法追究刑事责任。

本案中，该公立医院康复科，针对李某某、崔某某等30名参保人因腰间盘突出等需要康复治疗而又不愿按规定自付相关费用的情况，采取“挂床住院”的方式，将需由参保人自付的康复理疗项目，通过编造住院治疗材料，将其纳入医保诊疗报销项目，骗取医保住院床位费及其他医保诊疗费用共计126430.57元。为此，根据《社会保险法》第八十七条及有关规定，市人社局对该医院作出如下处理：一是向其下达《劳动保障监察限期改正指令书》，责令其限期退还骗取的社会保险金；二是对其处以骗取金额5倍的行政处罚，共计罚款632152.85元；三是由社保中心依据《定点医疗机构服务协议》，解除服务协议；四是建议卫计部门对该院相关医务人员作出处理；五是该公立医院骗取社会保险金数额较大，已达到当地诈骗刑事案件数额标准，以涉嫌诈骗罪将该案移送公安机关处理。

三、法律依据

1. **《社会保险法》第八十七条**　社会保险经办机构以及医疗机构、药品经营单位等社会保险服务机构以欺诈、伪造证明材料或者其他手段骗取社会保险基金支出的，由社会保险行政部门责令退回骗取的社会保险金，处骗取金额二倍以上五倍以下的罚款；属于社会保险服务机构的，解除服务协议；直接负责的主管人员和其他直接责任人员有执业资格的，依法吊销其执业资格。

2. **《刑法》第二百六十六条** 诈骗公私财物，数额较大的，处三年以下有期徒刑、拘役或者管制，并处或者单处罚金；数额巨大或者有其他严重情节的，处三年以上十年以下有期徒刑，并处罚金；数额特别巨大或者有其他特别严重情节的，处十年以上有期徒刑或者无期徒刑，并处罚金或者没收财产。本法另有规定的，依照规定。

3. **全国人民代表大会常务委员会关于《中华人民共和国刑法》第二百六十六条的解释（2014 年 4 月 24 日第十二届全国人民代表大会常务委员会第八次会议通过）**

全国人民代表大会常务委员会根据司法实践中遇到的情况，讨论了刑法第二百六十六条的含义及骗取养老、医疗、工伤、失业、生育等社会保险金或者其他社会保障待遇的行为如何适用刑法有关规定的问题，解释如下：

以欺诈、伪造证明材料或者其他手段骗取养老、医疗、工伤、失业、生育等社会保险金或者其他社会保障待遇的，属于刑法第二百六十六条规定的诈骗公私财物的行为。

监察员手记：在利益趋同的条件下，往往参保人与医疗机构人员共同合谋欺诈，以达到非法获利的目的。在欺诈过程中，医疗机构工作人员的作用十分明显，即使参保个人想实施欺诈，往往也要得到医疗机构工作人员的支持、纵容和配合。甚至有的欺诈行为就是医疗机构有组织、有领导进行的，带有集体欺诈或法人欺诈的性质，如就医资格作假、病因作假、票据作假、处方作假、医疗明细作假、医疗文书作假、住院床位作假、医疗证明作假等，无不与医疗机构的工作人员有关。因此，应当重点打击定点医保机构及相关责任人员，发现一起查处一起，并从快从重处罚和移送公安机关处理，对骗保违法犯罪行为零容忍。

案例31

某社区卫生服务站串换药品骗取医保基金被移送公安机关处理

一、案情简介

2016年3月，某市劳动保障监察支队接到市社保中心移交的某社区卫生服务站涉嫌骗取医保基金支出的材料。市劳动保障监察支队经报请领导批准立案调查。

经查，2015年1月至8月期间，该卫生站为陈某、敖某某、官某某3名参保人将自费比例较高的医保控制类抗排斥药物（他克莫司），串换成自费比例较低的基本类抗排斥药物（环孢素），并进行联网结算，骗取医疗保险基金支出共计6297.60元。2016年4月20日，市人社局对该单位下达《劳动保障监察限期改正指令书》，责令其退还骗取的社会保险金，该单位在规定期限内退还了骗取的社会保险金。随后，市人社局根据《社会保险法》第八十七条的规定，对该单位处以骗取金额三倍的罚款，共计罚款18892.80元。同时，因该卫生站骗取金额达到当地诈骗刑事案件数额标准（6000元），其行为已涉嫌触犯《刑法》第二百六十六条的规定，涉嫌构成诈骗罪，市人社局以涉嫌诈骗罪将该案依法移送公安机关处理。

二、案例评析

医疗保险基金是指国家为保障职工的基本医疗，由医疗保险经办机构按国家有关规定，向单位和个人筹集用于职工基本医疗保险的专项基金。基本医疗保险基金包括社会统筹基金和个人账户两部分，由用人单位和职工个人按一定比例共同缴纳。根据社会保险法及有关规定，符合基本医疗保险药品目录，分为“甲类目录”和“乙类目录”。“甲类目录”的药品是临床治疗必需，使用广泛，疗效好，同类药品中价格低的药品；参保人使用“甲类目录”的药品所发生的费用，按基本医疗保险的规定支付。“乙类目录”的药品是可供临床治疗选择使用，疗效好，同类药品中比“甲类目录”药品价格略高的药品；参保人使用“乙类目录”的药品所发生的费用，先由参保人自付一定比例，再按基本医疗保险的规定支付。如定点医疗机构协助参保人使用医保统筹基金串换药品，将“乙类目录”药品串换成“甲类目录”，或者将自费比例较高的药品串换成自费比例较低的药品，均属于骗取医保基金的违法行为。

社会保险经办机构以及医疗机构、药品经营单位等社会保险服务机构以欺诈、伪造证明材料或者其他手段骗取社会保险基金支出的，由社会保险行政部门责令退回骗取的社会保险金，处骗取金额二倍以上五倍以下的罚款；属于社会保险服务机构的，解除服务协议；直接负责的主管人员和其他直接责任人员有执业资格的，依法吊销其执业资格；构成犯罪的，依法追究刑事责任。

本案中，该卫生站为陈某、敖某某、官某某 3 名参保人将自费比例较高的医保控制类抗排斥药物（他克莫司），串换成自费比例较低的基本类抗排斥药物（环孢素），并进行联网结算，骗取医疗保险基金支出共计 6297. 60 元。该卫生站在社会保险行政部门立案调查中，虽然能够积极配合调查，并在接到指令书后及时退还了骗取的社会保险金，挽回了社保基金损失。但该卫生站违法行为隐蔽，情节较为恶劣，为了维护社会保险法律法规的严肃性和权威性，警示社会保险服务机构和相关责任人守法经营，应当依法给予当事人一定的惩戒，因此，市人社局决定对该卫生站处以骗取金额三倍的罚款，共计罚款 18892. 80 元。另外，该卫生站骗取社会保险金数额较大，已达到当地诈骗刑事案件数额标准，因此，市人社局以涉嫌诈骗罪将该案移送公安机关处理。此外，该卫生站在处方中串换药品的行为违反了处方管理的相关规定，市人社局将相关材料移交卫生部门，由其依法追究相关责任人员的法律责任。

三、法律依据

1. **《社会保险法》第八十七条**　社会保险经办机构以及医疗机构、药品经营单位等社会保险服务机构以欺诈、伪造证明材料或者其他手段骗取社会保险基金支出的，由社会保险行政部门责令退回骗取的社会保险金，处骗取金额二倍以上五倍以下的罚款；属于社会保险服务机构的，解除服务协议；直接负责的主管人员和其他直接责任人员有执业资格的，依法吊销其执业资格。

2. **《刑法》第二百六十六条**　诈骗公私财物，数额较大的，处三年以下有期徒刑、拘役或者管制，并处或者单处罚金；数额巨大或者有其他严重情节的，处三年以上十年以下有期徒刑，并处罚金；数额特别巨大或者有其他特别严重情节的，处十年以上有期徒刑或者无期徒刑，并处罚金或者没收财产。本法另有规定的，依照规定。

3. **全国人民代表大会常务委员会关于《中华人民共和国刑法》第二百六十六条的解释（2014 年 4 月 24 日第十二届全国人民代表**

大会常务委员会第八次会议通过）

全国人民代表大会常务委员会根据司法实践中遇到的情况，讨论了刑法第二百六十六条的含义及骗取养老、医疗、工伤、失业、生育等社会保险金或者其他社会保障待遇的行为如何适用刑法有关规定的问题，解释如下：

以欺诈、伪造证明材料或者其他手段骗取养老、医疗、工伤、失业、生育等社会保险金或者其他社会保障待遇的，属于刑法第二百六十六条规定的诈骗公私财物的行为。

监察员手记：将自费比例较高的药物串换成自费比例较低的药物，骗取医疗保险基金支出，其违法行为较为隐蔽，调查取证的难度更大，因此，社会保险经办机构与劳动保障监察机构的分工合作尤为重要。本案中，社保经办机构前期能够固定相关证据，将相关证据材料移交监察机构查处，后又给予了相关专业的意见和信息，由此得以顺利查实案件，挽回基金损失，并依法对该医疗机构作出处罚及移送公安机关处理。

案例32

为非定点机构提供费用结算被行政处罚

一、案情简介

2017年12月，某市劳动保障监察支队接到该市社保中心移交的某社区卫生服务站涉嫌骗取医保基金支出的材料。市劳动保障监察支队报请领导批准立案调查。

经查，2016年6月，参保人廖某某到某民营口腔诊所（非医保定点单位）就诊，安装了两颗烤瓷牙，所需费用5425元，廖某某提出使用其社保卡个人账户进行结算，请口腔诊所想办法，并将本人社保卡交给该诊所并告知了密码。次日，该口腔诊所与所在社区卫生服务站（医保定点单位）协商一致，由后者将医疗保险POS机（服务终端）转借给前者，并使用廖某某的社保卡中个人账户基金结算5425元。

社区卫生服务站转借医疗服务终端进行医保基金结算，构成《社会保险法》第八十七条"以欺诈、伪造证明材料或者其他手段骗取社会保险基金支出"的违法行为。对此，市人社局对该卫生服务站作出如下处理：一是下达《劳动保障监察限期改正指令书》，责令其退回骗取的社会保险金；二是对其处以骗取金额2倍的罚款共计10850元。该卫生服务站完全接受处理处罚，在限定期限内退还了骗取的社会保险金和缴纳了罚款。另，口腔诊所借用医疗保险服务终端，并且通过廖某某提供的个人医保卡进行医保基金结算骗取社会保险金的违法行为，因现行法律法规对口腔诊所和廖某某没有行政处罚的规定，因此，无法对两者实施行政处罚。为此，一是市人社局对廖某某进行了批评教育并根据规定将其记入社会保险诚信档案；二是市社保中心对该诊所案发前已提出的医保定点单位申请不予批准。

二、案例评析

关于城镇职工基本医疗保险建立个人账户问题，根据我国国情，医疗保险一般采取现收现支的办法，个人账户不是制度的必然要求，其主要目的是保证劳保医疗和公费医疗向医疗保险顺利转轨，因为过去劳保医疗和公费医疗既报销大病住院费用，也负担门诊普通疾病费用，为了实现平稳过渡，医保制度改革引入了个人账户的设计。这一制度对实现劳保医疗和公费医疗向医疗保险的平稳过渡发挥了十分重要的作用，但其问题也日渐显现，如个人账户缺乏共济功能，资金沉淀过多，使用效率不高；管理复杂，监管困难，等等。但个人账户资金作为医疗保险基金的组成部分，实践中，套取、骗取个人账户的违法行为时有发生，严重危害到社保基金的安全，因此，需要加大查处和打击力度，从而维护社保基金的安全运行。

社会保险经办机构以及医疗机构、药品经营单位等社会保险服务机构以欺诈、伪造证明材料或者其他手段骗取社会保险基金支出的，由社会保险行政部门责令退回骗取的社会保险金，处骗取金额二倍以上五倍以下的罚款；属于社会保险服务机构的，解除服务协议；直接负责的主管人员和其他直接责任人员有执业资格的，依法吊销其执业资格；构成犯罪的，依法追究刑事责任。

本案中，某社区卫生服务站作为医疗保险定点单位，将医疗保险服务终端转借给非定点单位某民营口腔诊所进行医保基金结算，在查处过程中，卫生服务站辩称其对廖某某的医保卡中个人账户进行结算，不构成骗取医保基金。对此，监察执法人员向其宣传相关政策法规，基本医疗保险基金由基本医疗保险统筹基金和个人账户组成，套取、骗取个人账户也属于骗取社会保险基金的违法行为，并向其提供相关政策法规依据。随后，市人社局对该卫生服务站作出如下处理：一是下达《劳动保障监察限期改正指令书》，责令其退回骗取的社会保险金；二是对其处以骗取金额 2 倍的罚款共计 10850 元。该卫生服务站完全接受处理处罚，按期退回了骗取的社会保险金和缴纳了罚款。另，口腔诊所借用医疗保险服务终端，并且通过廖某某提供的个人医保卡，进行医保基金结算骗取社会保险金的违法行为，因《社会保险法》第八十七条明确规定被处罚的对象为社会保险服务机构，且现行法律法规对上述两者未有行政处罚的规定，因此，无法对其实施行政处罚。为此，一是市人社局对廖某某进行了批评教育并根据规定将其记入社会保险诚信档案；二是市社保中心对该诊所案发前已提出的医保定点单位申请不予批准。为了更好地维护社保基金安全，打击违法犯罪行为，建议下一步国家通过立法予以明确。

三、法律依据

1.**《社会保险法》第八十七条**　社会保险经办机构以及医疗机构、药品经营单位等社会保险服务机构以欺诈、伪造证明材料或者其他手段骗取社会保险基金支出的，由社会保险行政部门责令退回骗取的社会保险金，处骗取金额二倍以上五倍以下的罚款；属于社会保险服务机构的，解除服务协议；直接负责的主管人员和其他直接责任人员有执业资格的，依法吊销其执业资格。

2.**《珠海市社会保险反欺诈办法》第十四条**　医疗机构、药品经营单位等社会保险服务机构及其工作人员有下列行为之一的，属于欺诈：

（一）提供虚假疾病诊断证明、病历、报告、处方或者医疗费票据等资料凭证的。

（二）转借或者借用医疗保险服务终端进行医疗保险基金结算的。

（三）代社会保险服务机构进行医疗、工伤或者生育保险基金结算的。

（四）明知或者诱导非参保人冒名就医、配置辅助器具等，并以参保人名义结算的。

（五）向参保人提供不必要、不合理的医疗服务的。

（六）协助参保人或者收集参保人社会保险信息虚构就医资料、票据等，骗取医疗、工伤或者生育保险基金的。

（七）将应当由参保人自费的项目串换成由统筹基金支付的。

（八）不执行卫生、药品、物价等相关法律法规的规定，造成医疗、工伤或者生育保险基金损失的。

监察员手记：个人账户资金作为医疗保险基金的组成部分，实践中，套取、骗取个人账户的违法行为时有发生，对于此类违法行为，多数都是因参保人不了解相关法律法规而发生，因此，要加强普法教育，引导广大群众自觉学法、知法、懂法、守法，对于骗保行为的后果有正确认知。唯有如此，方能从根本上遏制此类案件发生。

案例33

伪造虚假凭证骗取医保待遇被移送公安机关处理

一、案情简介

2015年1月，某市劳动保障监察支队接到市社保中心移交的青某某涉嫌伪造就医资料、票据并骗取医保待遇的材料。市劳动保障监察支队经报请领导批准立案调查。

2015年1月27日，市劳动保障监察支队前往涉案医院进行调查核实，该医院出具了参保人青某某未在该院就医和住院的书面证明。1月29日，支队对参保人青某某作调查询问笔录，其承认未到上述医院住院和就医，并承认向市社保中心提供的就医资料、票据是伪造的事实。

经查实，参保人青某某2014年4月24日、10月29日向市社保中心提供的《某医院出院证》《某医院住院收费票据》等资料系伪造，骗取医保待遇共计39440.95元。对此，市人社局对青某某作出如下处理：一是下达《劳动保障监察限期改正指令书》，责令其退回骗取的社会保险金；二是鉴于其骗取数额较大，其行为已涉嫌触犯《刑法》第二百六十六条的规定，涉嫌构成诈骗罪，以涉嫌诈骗罪将该案依法移送公安机关处理。

二、案例评析

骗取社会保险待遇主要是个人不符合享受社会保险待遇的条件，以欺诈、伪造证明材料或者其他手段骗取社会保险待遇。实践中，以欺诈、伪造证明材料或者其他手段骗取社会保险待遇有多种形式。在医疗保险环节，主要有：将本人身份证明及社会保障卡转借他人就医；冒用他人身份证明或者医疗保障卡就医；伪造、变造病历、处方、疾病诊断证明和医疗费票据；伪造、变造劳动关系、工资表等证明材料参加医疗保险或补缴医疗保险费等。参保人伪造就医资料、票据骗取医疗保险待遇的欺诈行为时有发生，严重影响了医保基金安全。因此，社会保险行政部门、公安机关应当加大查处力度，并依法追究相关责任人的法律责任。

以欺诈、伪造证明材料或者其他手段骗取社会保险待遇的，由社会保险行政部门责令退回骗取的社会保险金，处骗取金额二倍以上五倍以下的罚款；构成犯罪的，依法追究刑事责任。

本案中，参保人青某某并未发生就医行为，为了达到骗取医保待遇的目的，通过虚构事实，采取伪造就医资料、票据的方式，骗取医保待遇共计39440.95元。对此，市人社局作出如下处理：一是下达《劳动保障监察限期改正指令书》，责令其退回骗取的社会保险金；二是鉴于其骗取数额较大，其行为已涉嫌触犯《刑法》第二百六十六条的规定，涉嫌构成诈骗罪，以涉嫌诈骗罪将该案依法移送公安机关处理。

三、法律依据

1. **《社会保险法》第八十八条** 以欺诈、伪造证明材料或者其他手段骗取社会保险待遇的，由社会保险行政部门责令退回骗取的社会保险金，处骗取金额二倍以上五倍以下的罚款。

2. **《刑法》第二百六十六条** 诈骗公私财物，数额较大的，处三年以下有期徒刑、拘役或者管制，并处或者单处罚金；数额巨大或者有其他严重情节的，处三年以上十年以下有期徒刑，并处罚金；数额特别巨大或者有其他特别严重情节的，处十年以上有期徒刑或者无期徒刑，并处罚金或者没收财产。本法另有规定的，依照规定。

3. **全国人民代表大会常务委员会关于《中华人民共和国刑法》第二百六十六条的解释（2014 年 4 月 24 日第十二届全国人民代表大会常务委员会第八次会议通过）**

全国人民代表大会常务委员会根据司法实践中遇到的情况，讨论了刑法第二百六十六条的含义及骗取养老、医疗、工伤、失业、生育等社会保险金或者其他社会保障待遇的行为如何适用刑法有关规定的问题，解释如下：

以欺诈、伪造证明材料或者其他手段骗取养老、医疗、工伤、失业、生育等社会保险金或者其他社会保障待遇的，属于刑法第二百六十六条规定的诈骗公私财物的行为。

监察员手记：*在查处伪造就医资料、票据骗取医疗保险待遇案件中，相关责任人大多知晓其行为属于违法犯罪行为，但大多抱着*

侥幸心理。对此，作为政府部门，一方面要加强普法教育，引导广大群众自觉学法、知法、懂法、守法，对于骗保行为的后果有正确认知；另一方面应当加大监察执法力度，并大力宣传查处的此类案件，以案说法，从而起到警示作用。

案例 34

将医保卡转借他人就医骗取医保待遇被行政处罚

一、案情简介

2013 年 5 月，某市劳动保障监察支队接到市社保中心移交的陈某某将医保卡转借他人就医骗取医保待遇的材料。市劳动保障监察支队经报请领导批准立案调查。

5 月 7 日，市劳动保障监察支队向医院调取了陈某某住院期间的病历（实际住院人为其丈夫的母亲李某），医院也向支队提供了事情经过的情况说明；5 月 8 日，支队对陈某某制作了调查询问笔录。经查，2013 年 1 月 28 日至 2 月 1 日，陈某某使用其医保卡为其婆婆李某办理了医保住院手续，最终骗取医疗保险待遇共计 1871.03 元。后经监察执法人员宣传教育，陈某某主动向市社保中心退还了骗取的全部社会保险金。随后，根据《社会保险法》第八十八条的规定，市人社局决定对陈某某作出行政处罚，处以骗取金额二倍的罚款共计 3742.06 元。

二、案例评析

社会医疗保险卡，简称医疗保险卡或医保卡，是医疗保险个人账户专用卡，以个人身份证为识别码，储存记载着个人身份证号码、姓名、性别以及账户金的拨付、消费情况等详细资料信息。医保卡由当地指定代理银行承办，是银行多功能借计卡的一种。参保单位缴费后，地方医疗保险事业部门在月底将个人账户金部分委托银行拨付到参保职工个人医保卡上。参保人在定点医院、药店就医购药时，可凭密码在POS机上刷卡使用，但无法提取现金或进行转账使用。医保卡被百姓称为“救命卡”。然而，一些参保人把医保卡借给家人、朋友，导致医保基金的流失，给国家医保体系埋下严重安全隐患。因此，社会保险行政部门应当加大查处力度，并依法追究相关责任人的法律责任。

以欺诈、伪造证明材料或者其他手段骗取社会保险待遇的，由社会保险行政部门责令退回骗取的社会保险金，处骗取金额二倍以上五倍以下的罚款；构成犯罪的，依法追究刑事责任。

本案中，参保人陈某某的婆婆李某没有医疗保险，在李某生病住院时，为了达到骗取医疗保险待遇的目的，陈某某使用其医保卡为李某办理了医保住院手续，最终骗取医疗保险待遇共计1871.03元。在本案调查中，虽然陈某某主动向市社保中心退还了骗取的全部社会保险金，但其违法行为已经实施，为了维护社会保险法律法规的严肃性和权威性，警示广大参保人依法享受社会保险待遇，应当依法给当事人一定的惩戒，因此，市人社局根据《社会保险法》第八十八条的规定，对陈某某处以骗取金额二倍的罚款共计3742.06元。

三、法律依据

1. **《社会保险法》第八十八条**　以欺诈、伪造证明材料或者其他手段骗取社会保险待遇的，由社会保险行政部门责令退回骗取的社会保险金，处骗取金额二倍以上五倍以下的罚款。

2. **《广东省社会保险基金监督条例》第二十一条** 用人单位应当按照规定办理社会保险登记，如实申报应当缴纳的社会保险费，按时全员足额缴纳社会保险费。

任何单位和个人不得有下列行为：

（一）瞒报、漏报社会保险费缴费基数、人数，或者以发放补贴、签订协议等形式拒不履行社会保险登记、缴费义务；

（二）通过虚构劳动关系、伪造证明材料等方式获取社会保险参保和缴费资格；

（三）伪造、变造个人档案材料、身份证明、病历资料、鉴定意见、支付凭证、信息数据等，骗取社会保险待遇；

（四）违反规定重复领取社会保险待遇；

（五）冒用他人身份和社会保险证明骗取社会保险待遇；

（六）出借本人社会保险证件协助他人或者单位骗取社会保险待遇；

（七）隐瞒丧失领取条件的事实，领取社会保险待遇；

（八）其他侵害社会保险基金安全的行为。

监察员手记：将本人身份证明、医保卡转借他人就医，骗取社会保险待遇，在监察执法中发现，绝大多数参保人知晓这样做是不对的，但是对于此类违法行为将面临行政处罚甚至被追究刑事责任，很多人并不是很了解，因此，要加强普法教育，引导广大群众自觉学法、知法、懂法、守法，对于骗保行为的后果有正确认知。唯有如此，方能从根本上遏制此类案件发生。

案例 35

虚构劳动关系骗取医保待遇被移送公安机关处理

一、案情简介

2016 年 9 月，市劳动保障监察支队接到市社保中心移交的姚某某虚构劳动关系骗取社会保险待遇的材料。市劳动保障监察支队经报请领导批准立案调查。

经查，姚某某曾于 2014 年 10 月入职某物业管理有限公司，在该物业某大厦物业管理处任职保安员，工作一个月后，因个人原因离职。2016 年 7 月，姚某某的父亲姚某（亦为该公司保安）请求该公司人事主管郑某，希望公司帮助姚某某参加社保，随后，郑某在姚某某未办理入职手续、未到岗上班，以及未征得公司领导同意的情形下，擅自以公司职工名义从 2016 年 7 月开始为姚某某办理社会保险登记，并约定姚某某的社保费用全额由其个人承担，在其父亲姚某每月工资中扣回。另据查明，2016 年 7 月 20 日至 8 月 26 日，姚某某在市人民医院住院治疗，其向市社保中心申请报销住院医疗费用 15953.29 元。对此，市人社局作出如下处理：一是责令姚某某退回骗取的社会保险金；二是以姚某、姚某某、郑某等涉嫌诈骗罪，将该案移送公安机关处理；三是因该公司不知情，对其免于处罚，但对其人力资源管理不善等提出严肃批评。

二、案例评析

根据《社会保险法》规定，职工和用人单位建立劳动关系后，用人单位应当为职工参加社会保险。如果双方没有建立劳动关系，个人通过挂靠单位来缴纳社保，是不允许的。如2016年7月开始实施的《广东省社会保险基金监督条例》，其中明确规定，任何单位和个人不得“通过虚构劳动关系、伪造证明材料等方式获取社会保险参保和缴费资格”，也就是说，“挂靠”参加和缴纳社保是违法的。

以欺诈、伪造证明材料、虚构劳动关系或者其他手段骗取社会保险待遇的，由社会保险行政部门责令退还已骗取的社会保险待遇，并处骗取金额二倍以上五倍以下的罚款。

本案中，某公司人事主管郑某在姚某某未办理入职手续、未到岗上班，以及未征得公司领导同意的情形下，擅自以公司名义从2016年7月开始为姚某某办理社会保险登记，即虚构劳动关系为其办理社会保险登记，其后姚某某向市社保中心骗取社会保险待遇共计15953.29元，其行为构成《社会保险法》第八十八条规定，属于“以欺诈、伪造证明材料或者其他手段骗取社会保险待遇”的违法行为。对此，市人社局向姚某某下达《劳动保障监察限期改正指令书》，责令其限期退回骗取的社会保险金共计15953.29元。同时，因骗取社会保险金数额较大，姚某、姚某某、郑某等人已涉嫌触犯《刑法》第二百六十六条的规定，涉嫌构成诈骗罪，市人社局以涉嫌诈骗罪将该案依法移送公安机关处理。此外，因该公司不知情，对其免于处罚，但对其人力资源管理不善等提出严肃批评。

三、法律依据

1. **《社会保险法》第八十八条**　以欺诈、伪造证明材料或者其他手段骗取社会保险待遇的，由社会保险行政部门责令退回骗取的社会保险金，处骗取金额二倍以上五倍以下的罚款。

2. **《广东省社会保险基金监督条例》第二十一条** 用人单位应当按照规定办理社会保险登记，如实申报应当缴纳的社会保险费，按时全员足额缴纳社会保险费。

任何单位和个人不得有下列行为：

（一）瞒报、漏报社会保险费缴费基数、人数，或者以发放补贴、签订协议等形式拒不履行社会保险登记、缴费义务；

（二）通过虚构劳动关系、伪造证明材料等方式获取社会保险参保和缴费资格；

（三）伪造、变造个人档案材料、身份证明、病历资料、鉴定意见、支付凭证、信息数据等，骗取社会保险待遇；

（四）违反规定重复领取社会保险待遇；

（五）冒用他人身份和社会保险证明骗取社会保险待遇；

（六）出借本人社会保险证件协助他人或者单位骗取社会保险待遇；

（七）隐瞒丧失领取条件的事实，领取社会保险待遇；

（八）其他侵害社会保险基金安全的行为。

3. **《广东省社会保险基金监督条例》第六十一条** 以欺诈、伪造证明材料、冒用他人证件、虚构劳动关系等手段办理社会保险业务的，社会保险行政部门、社会保险费征收机构、社会保险经办机构不予办理，将有关情况记入其信用档案；情节严重的，处涉案金额一倍以上三倍以下的罚款。

以欺诈、伪造证明材料、虚构劳动关系或者其他手段骗取社会保险待遇的，由社会保险行政部门责令退还已骗取的社会保险待遇，并处骗取金额二倍以上五倍以下的罚款。

4. **《刑法》第二百六十六条** 诈骗公私财物，数额较大的，处三年以下有期徒刑、拘役或者管制，并处或者单处罚金；数额巨大或者有其他严重情节的，处三年以上十年以下有期徒刑，并处罚金；数额特别巨大或者有其他特别严重情节的，处十年以上有期徒刑或者无期徒刑，并处罚金或者没收财产。本法另有规定的，依照规定。

5. 全国人民代表大会常务委员会关于《中华人民共和国刑法》第二百六十六条的解释（2014年4月24日第十二届全国人民代表大会常务委员会第八次会议通过）

全国人民代表大会常务委员会根据司法实践中遇到的情况，讨论了刑法第二百六十六条的含义及骗取养老、医疗、工伤、失业、生育等社会保险金或者其他社会保障待遇的行为如何适用刑法有关规定的问题，解释如下：

以欺诈、伪造证明材料或者其他手段骗取养老、医疗、工伤、失业、生育等社会保险金或者其他社会保障待遇的，属于刑法第二百六十六条规定的诈骗公私财物的行为。

监察员手记：本人在近几年社会保险骗保案件查处中发现，虚构劳动关系骗取社会保险待遇的情况有上升的趋势，对此，一方面，应当出台相关政策法规，通过多种合法渠道，将全民纳入社会保险体系，并缩小各种途径参保的待遇差距，真正做到全民社保；另一方面，对于参保人的社会保险登记，应加强审核，预防挂靠参保等违法行为的发生，防患于未然。

案例 36

冒用妹妹名字入职并参保，妹妹骗取医保待遇，姐妹俩均被行政处罚

一、案情简介

2017 年 12 月，某市人社局基金监督科接到本市人民医院举报，反映唐 B 林转借本人社保卡于他人住院治疗，涉嫌骗取医保待遇。基金监督科将该案移交市劳动保障监察支队立案调查。

经查，2011 年 8 月，异地务工女工唐 A 林到本市甲公司求职时，因其年龄已超过应聘条件，故冒用其妹妹唐 B 林身份证，于 2011 年 8 月 27 日至 2012 年 2 月 2 日入职甲公司；此后，仍冒用唐 B 林身份证，于 2012 年 2 月 10 日至 2017 年 2 月 8 日入职本市乙公司。上述两家公司均以唐 B 林的名义为其办理入职登记、签订劳动合同、发放工资和参加社会保险。2011 年 10 月，唐 A 林用自己的照片但以唐 B 林的名义办理了社保卡。2015 年 8 月 8 日，唐 A 林将社保卡转借唐 B 林，并由后者持该社保卡在本市人民医院进行“剖腹探查：盆腔肿物切除 + 左侧附件切除术”手术，产生医疗费 7002.32 元，其中，个人自付 1535.61 元，医保基金支付 5466.71 元。2017 年 2 月 8 日，唐 A 林主动向乙公司承认冒用唐 B 林的身份证入职的事实，当月，乙公司停止为“唐 B 林”参保。次月，乙公司重新与唐 A 林签订了劳动合同和参加社会保险。2017 年 12 月 12 日，唐 A 林到人民医院就医，因一时疏忽，出示原“唐 B 林”社保卡，就诊医生检查时发现唐 A 林腹部无手术痕迹，涉嫌

转借社保卡于他人使用并骗取医保待遇，遂立即向人社部门举报。另查明，截至案发，唐B林本人在本市未就业、未参保。

综上所述，根据唐A林提供的其妹妹唐B林的身份信息，甲、乙公司先后以“唐B林”名义为唐A林参加社会保险，其真实意思表示应理解为投保对象实际为本公司职工唐A林，而不是与公司从未建立劳动关系的唐B林。因此，唐B林持“唐B林”社保卡就医并享受医保待遇，应认定为骗取社会保险待遇的违法行为。对此，市人社局作出如下处理：一是责令唐B林退回骗取的社会保险金5466.71元；二是对唐A林转借社保卡、唐B林借用社保卡就医并骗取医保待遇的违法行为，均处以骗取金额5466.71元两倍的罚款，罚款10933.42元。随后，唐A林和唐B林在规定期限内退还了骗取的社会保险金并缴纳了罚款。

二、案例评析

员工入职应该提供真实有效的身份证，用人单位用员工提供的身份证信息为员工办理社会保险并缴纳社会保险，随后员工本人可以按规定享受相关社会保险待遇。但是，如果员工冒用他人的身份证入职，用人单位以他人的身份证为其参加社会保险，随后，被冒用人持“本人”社保卡就医并享受相关医保待遇，被冒用人是否构成骗取社会保险金的违法行为呢？因被冒用人与用人单位并未建立劳动关系，而用人单位以被冒用人名义参加社会保险，其真实意思表示应理解为投保对象实际为本单位职工（冒用人），而不是与本单位从未建立劳动关系的被冒用人，即被冒用人与社保部门之间在事实上并未成立社会保险关系。因此，被冒用人构成社保欺诈，应承担相应的法律责任。

将身份证明、社会保障卡转借他人就医，或者冒用他人身份证

明、社会保障卡就医，使用统筹基金结算的，属于医疗保险支付环节的欺诈行为。以欺诈、伪造证明材料或者其他手段骗取社会保险待遇的，由社会保险行政部门责令退回骗取的社会保险金，处骗取金额二倍以上五倍以下的罚款。

本案中，根据唐A林提供的其妹妹唐B林的身份信息，甲、乙公司先后以“唐B林”名义为唐A林参加社会保险，其真实意思表示应理解为投保对象实际为本公司职工唐A林，而不是与公司从未建立劳动关系的唐B林。因此，唐B林持“唐B林”社保卡就医并享受了医保待遇，应认定为骗取社会保险待遇的违法行为。对此，市人社局作出如下处理：一是责令唐B林退回骗取的社会保险金5466.71元；二是对唐A林转借社保卡、唐B林借用社保卡就医并骗取医保待遇的违法行为，均处以骗取金额5466.71元两倍的罚款，罚款10933.42元。随后，唐A林和唐B林在规定期限内退还了骗取的社会保险金并缴纳了罚款。

三、法律依据

1. **《社会保险法》第八十八条** 以欺诈、伪造证明材料或者其他手段骗取社会保险待遇的，由社会保险行政部门责令退回骗取的社会保险金，处骗取金额二倍以上五倍以下的罚款。

2. **《珠海市社会保险反欺诈办法》第十一条** 医疗、生育保险支付环节有下列行为之一的，属于欺诈：

（一）将身份证明、社会保障卡转借他人就医，使用统筹基金结算的。

（二）伪造、冒用他人身份证明或者社会保障卡就医，使用统筹基金结算的。

（三）隐瞒、编造病史，伪造、变造就医资料、票据，或者使用虚假就医资料、票据等，享受医疗、生育保险待遇或者导致基金支出的。

监察员手记：本案中，因唐B林与用人单位未建立劳动关系，其持“唐B林”社保卡就医并最终享受了医保待遇，认定其为骗取社会保险待遇的违法行为，是无异议的。在实务中，更多出现的情况是，如唐A林持“唐B林”社保卡就医并享受了医保待遇，是否属于社保欺诈呢？唐A林冒用其妹妹唐B林的身份证先后入职甲、乙公司，其在甲、乙公司参保阶段仍然隐瞒冒名入职真相之行为，类似“就汤下面”和“顺水推舟”，该消极行为不应认定为诈保。其间，唐A林转借社保卡给唐B林就医并骗取了医保待遇，应认定为临时起意的违法行为，当另案处理。甲、乙公司根据唐A林提供的“唐B林”的身份信息，以“唐B林”名义为唐A林参加社会保险，其真实意思表示应理解为投保对象实际为本公司职工唐A林，而不是与本公司从未建立劳动关系的唐B林，即唐A林与社保部门之间在事实上成立了社会保险关系。由此，唐A林持“唐B林”社保卡就医并享受医保待遇并不属于社保欺诈。接下来，唐A林冒用“唐B林”名义参保期间的社会保险权益如何处理呢？个人认为，唐A林可以提供相关证明材料，请求社保部门将在此期间的社保权益信息变更至本人名下。

当然，应杜绝员工冒用他人名义入职并参保的行为，其原因有三：一是对用人单位规范用工管理不利，可能造成不必要的劳动争议等用工法律风险；二是冒用员工本人可能无法享受相关社保待遇；三是将会产生不良的社会影响和示范效应，最终可能会严重扰乱社会保险秩序，危害基金安全，损害广大合法参保人的权益。因此，人社部门应加强相关法律法规宣传教育，一方面提示用人单位应把好入职关，认真核实应聘人员的身份信息；另一方面提醒广大劳动者，冒用别人身份证入职和参保，是一种不诚信的行为，可能面临诸多法律风险。

案例 37
谎报工伤事故发生时间骗取工伤待遇被行政处罚

一、案情简介

2016 年 4 月，市社保中心将某建筑劳务公司涉嫌骗取工伤保险待遇的材料移交市劳动保障监察支队。市劳动保障监察支队经报请领导批准立案调查。

经市劳动保障监察支队调取王某的住院病历病案、王某申报工伤认定的相关资料，以及对该单位经办人员及王某本人作调查询问笔录。现已查明，王某为该建筑劳务公司工人，2015 年 1 月 17 日，王某在某工地工作时受伤，次日，该单位通过网上申报为其参加社会保险，随后向市人社局申请工伤认定时，将王某工伤事故发生时间由 1 月 17 日谎报成 1 月 20 日，企图骗取工伤保险待遇。随后，市人社局作出工伤认定决定书，王某经治疗并进行劳动能力鉴定（伤残等级评定）以后，该单位向市社保中心为其申请工伤保险待遇，市社保中心在审核时发现其涉嫌谎报工伤事故发生时间，暂停待遇支付并将该案移交市劳动保障监察支队查处。因该单位未造成社会保险基金损失，根据《珠海市社会保险反欺诈办法》（珠海市人民政府令第 107 号）第三十四条之规定，市人社局决定对某建筑劳务公司处以罚款一万元。

二、案例评析

工伤保险是社会保险制度的重要组成部分，是指国家通过立法建立的，以社会统筹方式筹集基金，对在工作过程中遭受事故伤害，或因从事有损健康的工作患职业病而丧失劳动能力的职工，以及对因工死亡的职工遗属提供物质帮助的制度。工伤保险是世界上最早产生以及最早进行国家立法，也是最成熟的社会保险险种。根据《社会保险法》及有关规定，由用人单位缴纳工伤保险费，职工不缴纳工伤保险费。

用人单位应当按时足额缴纳工伤保险费，以保证基金的支付能力，保证工伤职工及时获得医疗救治和经济补偿。用人单位必须按照法律规定履行缴费义务，否则就是一种违法行为，要依法承担相应的法律责任。用人单位应当参加工伤保险而未参加的，其职工发生工伤后，由该用人单位按照国家规定的工伤保险待遇项目和标准支付费用。

谎报工伤事故发生人员、时间、地点、经过、原因，伪造或者变造证明材料，影响工伤认定或者劳动能力鉴定的，属于工伤保险欺诈行为，对于有欺诈行为但未造成社会保险基金损失的，可视其情节轻重对单位处以三万元以下的罚款，对个人处以一百元的罚款。

本案中，某建筑劳务公司未在招用王某三十日内为其参加包括工伤保险在内的社会保险，在王某发生工伤后，根据《社会保险法》及有关规定，应当由该单位按照国家规定的工伤保险待遇项目和标准支付费用。但该单位为了逃避支付义务，采取先发生工伤，然后参加社会保险，并且在向人社部门申报工伤认定时，谎报工伤事故发生时间，企图让依法应由本单位承担的工伤保险待遇而让工伤保险基金承担，属于“以欺诈、伪造证明材料或者其他手段骗取社会保险待遇”的违法行为，因发现及时，未造成社会保险基金损失。虽然《社会保险法》对于有欺诈行为但未造成社会保险基金损失的违法行为未作出处罚规定，但是，根据《行政处罚法》有关规定，地方政府规章有权设定罚款的行政处罚。因此，市人社局根据地方政府规章的规定，决定对某建筑劳务公司有社会保险欺诈行为但未造成社会保险基金损失的违法行为处以一万元的罚款。

三、法律依据

1. **《社会保险法》第四十一条第一款** 职工所在用人单位未依法缴纳工伤保险费，发生工伤事故的，由用人单位支付工伤保险待遇。用人单位不支付的，从工伤保险基金中先行支付。

2. **《社会保险法》第八十八条** 以欺诈、伪造证明材料或者其他手段骗取社会保险待遇的，由社会保险行政部门责令退回骗取的社会保险金，处骗取金额二倍以上五倍以下的罚款。

3. **《珠海市社会保险反欺诈办法》第十二条** 工伤保险支付环节有下列行为之一的，属于欺诈：

（一）谎报工伤事故发生人员、时间、地点、经过、原因，伪造或者变造证明材料，影响工伤认定或者劳动能力鉴定的。

……

4. **《珠海市社会保险反欺诈办法》第三十四条第（三）项** 对于有欺诈行为但未造成社会保险基金损失的，可视其情节轻重对单位处以三万元以下的罚款，对个人处以一百元的罚款。

监察员手记：根据社会保险法规定，用人单位应在招用员工三十日内为其办理社会保险登记并参加社会保险，但一些用人单位出于用工成本考虑，推迟甚至一直不为员工申报参加社会保险，其实这样用人单位承担了很大的法律风险，若未参保的员工发生工伤、重大疾病，其发生的相关医疗费用将由单位全部承担。而一些用人单位企图钻法律的空子，未参保员工发生工伤后，立即为其申报参保，然后在申请工伤认定时将工伤事故发生时间谎报至参保以后，企图让本应由单位承担的工伤保险待遇而让工伤保险基金承担，其违法性质是极其恶劣的，应当依法予以严惩。

案例 38

伪造证明材料，骗取供养亲属抚恤金被移送公安机关处理

一、案情简介

2017 年 7 月，G 市社会保险基金管理中心在对当月金保预警信息核查时发现，退休女职工周某某在领取城镇职工养老保险待遇同时，领取工伤保险供养亲属抚恤金。随后，市社保中心将有关材料移交市劳动保障监察支队。市劳动保障监察支队经报请领导批准立案调查。

经查，退休女职工周某某，本省 S 市人，于 2011 年 4 月开始在 S 市领取城镇职工养老保险待遇至今。周某某有一女儿谢某某，谢某某在其丈夫赖某某为法定代表人的某贸易公司工作，2015 年 3 月 27 日，谢某某在外地出差时因交通事故死亡（肇事司机逃逸，至今未归案）。经该贸易公司提出工伤认定申请，G 市人社局出具《工伤认定决定书》，认定谢某某因工死亡。随后，赖某某到周某某户籍所在街道办，骗取街道办出具了周某某“无经济收入”证明，然后指示公司财务人员陪同周某某一起向市社保中心提交相关材

料，并选择单位（贸易公司）代发方式申领周某某的工伤保险供养亲属抚恤金。市社保中心从 2015 年 4 月开始将相关待遇按月支付到贸易公司账户，后因该贸易公司涉及多宗民事诉讼案件，公司账户被冻结，2016 年 10 月 12 日，赖某某陪同周某某到市社保中心，以单位代发令其取用不便为由，提交周某某本人银行存折，申请变更待遇发放形式为直接对个人发放。据统计，从 2015 年 4 月至 2017 年 9 月案发，市社保中心向周某某支付工伤供养亲属抚恤金共计 35122.02 元。另据了解，上述款项均由赖某某领取，从未转交给周某某。

综上所述，谢某某因工死亡，赖某某作为谢某某丈夫及所在用人单位法定代表人，明知谢某某母亲周某某已开始享受城镇职工养老保险待遇，不符合享受工伤供养亲属抚恤金的条件，但为了达到骗取社保待遇的目的，骗取街道办出具了周某某“无经济收入”证明，随后向市社保中心申领周某某的工伤保险供养亲属抚恤金，至案发已骗取社会保险金共计 35122.02 元，已构成骗取社会保险待遇的违法行为。为此，根据《社会保险法》第八十八条及有关规定，市人社局向赖某某下达《劳动保障监察限期改正指令书》，责令其限期退还骗取的社会保险金，但赖某某未在指定期限内退还。由此，鉴于该案骗取社会保险金数额较大，市人社局以涉嫌诈骗罪将该案依法移送公安机关处理。

二、案例评析

根据《社会保险法》《工伤保险条例》及有关规定，职工因工死亡，其近亲属按规定从工伤保险基金领取伤葬补助金、一次性工亡补助金和供养亲属抚恤金。对于前两项待遇，只要去世的参保职工被人社部门认定为因工死亡，其近亲属均可按规定向社保经办机构申领。而申领供养亲属抚恤金，申领对象应为由工死亡职工生前提供主要生活来源、无劳动能力的亲属，即供养亲属应符合无劳动能力、未享受退休养老金、无其他经济收入的情形，并且一旦供养亲属具备、恢复劳动能力以及开始领取养老金，或者死亡的，供养亲属抚恤金即停止发放。若采取虚构事实或者隐瞒事实真相的方式，不符合领取条件而申领供养亲属抚恤金，或者丧失领取的情形出现后，仍领取供养亲属抚恤金，均属于骗取社会保险待遇的违法行为，应承担相应的法律责任。

虚构工伤保险待遇条件，或者隐瞒丧失享受工伤保险待遇条件，享受工伤保险待遇或者导致基金支出的，由社会保险行政部门责令退回骗取的社会保险金，处骗取金额二倍以上五倍以下的罚款；构成犯罪的，依法追究刑事责任。

本案中，谢某某因工死亡，赖某某作为谢某某丈夫及所在用人单位法定代表人，明知谢某某母亲周某某已开始享受城镇职工养老保险待遇，不符合享受工伤供养亲属抚恤金的条件，但为了达到骗取社保待遇的目的，骗取街道办出具了周某某“无经济收入”证明，向市社保中心申领周某某的工伤保险供养亲属抚恤金，至案发已骗取社会保险金共计35122.02元，已构成骗取社会保险待遇的违法行为。为此，根据《社会保险法》第八十八条及有关规定，市人社局向赖某某下达《劳动保障监察限期改正指令书》，责令其限期退还骗取的社会保险金，但赖某某未在指定期限内退还。由此，鉴于该案骗取社会保险金数额较大，已达到当地诈骗刑事案件数额标准，市人社局以涉嫌诈骗罪将该案移送公安机关处理。等待赖某某的将是法律的严惩！

三、法律依据

1. **《社会保险法》第八十八条** 以欺诈、伪造证明材料或者其他手段骗取社会保险待遇的，由社会保险行政部门责令退回骗取的社会保险金，处骗取金额二倍以上五倍以下的罚款。

2. **《工伤保险条例》第六十条** 用人单位、工伤职工或者其近亲属骗取工伤保险待遇，医疗机构、辅助器具配置机构骗取工伤保险基金支出的，由社会保险行政部门责令退还，处骗取金额2倍以上5倍以下的罚款；情节严重，构成犯罪的，依法追究刑事责任。

3. **《珠海市社会保险反欺诈办法》第十二条** 工伤保险支付环节有下列行为之一的，属于欺诈：

（一）谎报工伤事故发生人员、时间、地点、经过、原因，伪造或者变造证明材料，影响工伤认定或者劳动能力鉴定的。

（二）隐瞒、编造病史或者伪造、变造就医资料、票据等，虚构工伤保险待遇和费用支出条件，享受工伤保险待遇或者导致基金支出的。

（三）隐瞒丧失享受工伤保险待遇条件，享受工伤保险待遇或者导致基金支出的。

（四）冒用工伤人员身份就医、配置辅助器具的。

4. **《刑法》第二百六十六条** 诈骗公私财物，数额较大的，处三年以下有期徒刑、拘役或者管制，并处或者单处罚金；数额巨大或者有其他严重情节的，处三年以上十年以下有期徒刑，并处罚金；数额特别巨大或者有其他特别严重情节的，处十年以上有期徒刑或者无期徒刑，并处罚金或者没收财产。本法另有规定的，依照规定。

5. **全国人民代表大会常务委员会关于《中华人民共和国刑法》**

第二百六十六条的解释（2014 年 4 月 24 日第十二届全国人民代表大会常务委员会第八次会议通过）

全国人民代表大会常务委员会根据司法实践中遇到的情况，讨论了刑法第二百六十六条的含义及骗取养老、医疗、工伤、失业、生育等社会保险金或者其他社会保障待遇的行为如何适用刑法有关规定的问题，解释如下：

以欺诈、伪造证明材料或者其他手段骗取养老、医疗、工伤、失业、生育等社会保险金或者其他社会保障待遇的，属于刑法第二百六十六条规定的诈骗公私财物的行为。

监察员手记：工伤保险欺诈的情形主要有：一是向劳动部门谎报工伤认定，将非因公负伤认定为因工负伤从而骗取工伤保险待遇；二是虚构工伤保险待遇和费用支出条件，骗取工伤待遇；三是伪造或者隐瞒丧失享受工伤保险待遇条件，骗取工伤待遇；四是冒用工伤人员身份就医、配置辅助器具骗取工伤待遇，等等。对此，一经查实，人社部门应当责令相关单位和个人退回骗取的社会保险金、实施行政处罚，构成犯罪的，依法移送司法机关处理。

案例 39

隐瞒已经从第三人处获得工伤保险待遇，申请并获得社会保险基金先行支付，骗取社会保险待遇被移送公安机关处理

一、案情简介

2015 年 4 月，市社保中心将王某涉嫌骗取工伤保险待遇的材料

移交市劳动保障监察支队，市劳动保障监察支队经报请领导批准立案调查。

经市劳动保障监察支队向王某原工作单位某物业管理有限公司调取相关资料，以及对该单位法定代表人吴某、办公室主任李某作调查询问笔录。现已查明，王某系某物业管理公司保安员，2014年1月9日，王某在工作时因车辆出入问题与前来就餐的常某发生争执，随后王某被几个不明身份的男子殴打致伤，后经该单位申请工伤，市人社局认定王某为工伤，王某工伤住院期间医疗费用共计23123.68元由用人单位垫付。2014年7月7日，王某与常某经街道人民调解工作室调解达成《人民调解协议书》，即常某向王某支付"慰问金"70000元整，双方就此事不得再以任何理由和方式追究责任。2014年8月8日，李某陪同王某向市社保中心申请工伤保险待遇，王某隐瞒了已与第三方常某达成书面和解协议并收到70000元赔款的情况，以无法确定第三人为由向市社保中心申请先行支付工伤医疗费。市社保中心于2014年8月20日向王某支付了工伤医疗费23123.68元，该款项通过银行转入用人单位账户，王某将上述费用偿还了用人单位垫付的住院医疗费。对此，根据《社会保险基金先行支付暂行办法》第十六条、《社会保险法》第八十八条之规定，市人社局作出如下处理：一是责令某物业公司退回骗取的社会保险金23123.68元；二是因骗取金额较大，以涉嫌诈骗罪将该案依法移送公安机关处理。

二、案例评析

第三人侵权导致职工工伤的，同时违反了侵权责任法和社会保险法，根据两个法律的规定，职工可以向侵权的第三人要求民事侵权赔偿，也可以向工伤保险基金要求享受工伤保险待遇，出现民事侵权责任和工伤保险责任的竞合。根据《社会保险法》及有关规定，因第三人的原因造成工伤的，应当由第三人承担医疗费用，第三人不支付工伤医疗费用或者无法确定第三人的，由工伤保险基金先行支付。工伤保险基金先行支付制度，客观上讲是与社会保险“权利与义务对等”原则有所冲突的，但如果不建立该项制度，不少受到伤害的职工，特别是农民工，不能得到医疗救治，伤情恶化，继而危及生命，也会影响到社会的稳定。第三人不支付工伤医疗费用或者无法确定第三人，其不利后果不能由工伤职工承担。因此，由工伤保险基金先行向工伤职工支付相应待遇，是确保工伤职工获得及时医疗救治的有效办法，也体现了社会保险制度的人性化、共济性。但是，申请工伤保险基金先行支付的前提条件必须是第三人不支付工伤医疗费用或者无法确定第三人。

个人隐瞒已经从第三人或者用人单位处获得医疗费用、工伤医疗费用或者工伤保险待遇，向社会保险经办机构申请并获得社会保险基金先行支付的，按照社会保险法第八十八条的规定处理。

本案中，王某作为物业公司保安员，因履行工作职责，被几个不明身份的男子殴打致伤，被依法认定为工伤，如果第三人不支付工伤医疗费用或者无法确定第三人，王某可以依法申请工伤保险基金先行支付，但如果第三人已支付工伤医疗费用，则不得再申请。但是，王某隐瞒已经从第三人获得工伤医疗费用的事实，向社会保险经办机构申请并获得社会保险基金先行支付，骗取社会保险金23123.68元的行为，违反了《社会保险基金先行支付暂行办法》第四条之规定，根据《社会保险基金先行支付暂行办法》第十六条、《社会保险法》第八十八条之规定，市人社局责令物业公司退回骗取的社会保险金。同时，因骗取数额较大，王某已涉嫌触犯《刑法》第二百六十六条的规定，涉嫌构成诈骗罪，市人社局将该案依法移送公安机关处理。

三、法律依据

1. **《社会保险基金先行支付暂行办法》第四条** 个人由于第三人的侵权行为造成伤病被认定为工伤，第三人不支付工伤医疗费用或者无法确定第三人的，个人或者其近亲属可以向社会保险经办机构书面申请工伤保险基金先行支付，并告知第三人不支付或者无法确定第三人的情况。

2. **《社会保险基金先行支付暂行办法》第十六条** 个人隐瞒已经从第三人或者用人单位处获得医疗费用、工伤医疗费用或者工伤保险待遇，向社会保险经办机构申请并获得社会保险基金先行支付的，按照社会保险法第八十八条的规定处理。

3. **《社会保险法》第八十八条** 以欺诈、伪造证明材料或者其他手段骗取社会保险待遇的，由社会保险行政部门责令退回骗取的社会保险金，处骗取金额二倍以上五倍以下的罚款。

4. **《刑法》第二百六十六条** 诈骗公私财物，数额较大的，处三年以下有期徒刑、拘役或者管制，并处或者单处罚金；数额巨大或者有其他严重情节的，处三年以上十年以下有期徒刑，并处罚金；数额特别巨大或者有其他特别严重情节的，处十年以上有期徒刑或者无期徒刑，并处罚金或者没收财产。本法另有规定的，依照规定。

5. **全国人民代表大会常务委员会关于《中华人民共和国刑法》第二百六十六条的解释（2014 年 4 月 24 日第十二届全国人民代表大会常务委员会第八次会议通过）**

全国人民代表大会常务委员会根据司法实践中遇到的情况，讨论了刑法第二百六十六条的含义及骗取养老、医疗、工伤、失业、生育等社会保险金或者其他社会保障待遇的行为如何适用刑法有关规定的问题，解释如下：

以欺诈、伪造证明材料或者其他手段骗取养老、医疗、工伤、失业、生育等社会保险金或者其他社会保障待遇的，属于刑法第二百六十六条规定的诈骗公私财物的行为。

监察员手记：工伤保险基金先行支付制度，是确保工伤职工获得及时医疗救治的有效办法，也体现了社会保险制度的人性化、共济性。但是，申请工伤保险基金先行支付的前提条件必须是第三人不支付工伤医疗费用或者无法确定第三人。而隐瞒已经从第三人获得工伤医疗费用的事实，向社会保险经办机构申请并获得社会保险基金先行支付，属于骗取社会保险基金支出的违法行为，一经查实，除需退回骗取的社会保险金、行政处罚外，如果骗取数额较大，还将被追究刑事责任。因此，在此奉劝少数人，应对法律有敬畏之心，不要心存侥幸心理，否则将面临法律的严厉制裁。

案例 40

变造生育就医资料骗取生育保险待遇被行政处罚

一、案情简介

2015 年 5 月，某市劳动保障监察支队接到市社保中心移交的王某某涉嫌变造生育就医资料骗取生育保险待遇的材料。市劳动保障监察支队经报请领导批准立案调查。

经市劳动保障监察支队向医院调取王某某生育住院病历病案资料，以及向王某某所在工作单位调取相关资料，并对王某某本人作调查询问笔录。查明，王某某于2013年11月30日至12月5日因生育在本市妇幼保健院住院6天，出院记录中诊断为孕1产1孕39+6周顺产。随后，王某某将其生育的疾病证明书及出院记录资料中的诊断“顺产”改为“难产”，并在向市社保中心申领生育保险待遇时将其变造的疾病证明书及出院记录材料提交，企图按难产标准骗取生育津贴（按难产须增加30天生育津贴4322.10元）。经市社保中心审核及时发现，未造成社会保险基金损失。王某某变造生育疾病诊断证明书及出院记录材料，骗取社会保险待遇行为已构成《珠海市社会保险反欺诈办法》①（珠海市人民政府令第107号）第二十二条第（一）项规定的情形，属欺诈行为，根据该办法第四十一条的规定，市人社局决定对王某某处以100元的罚款。

二、案例评析

实践中，以欺诈、伪造证明材料或者其他手段骗取社会保险待遇有多种形式。在生育保险支付环节中的欺诈行为主要有两种：一是伪造、变造病历、处方、疾病诊断证明和医疗费票据的；二是伪造、变造劳动关系、工资报表等证明材料参加生育保险或补缴生育保险费的。特别是《社会保险法》出台后，生育保险待遇包括生育医疗费用和生育津贴（产假工资），生育保险待遇由《社会保险法》出台之前的仅有几千元的生育医疗费用，到《社会保险法》出台以后新增了生育津贴即产假工资，其生育保险待遇增加至上万元，甚至数万元。为此，一些不法分子从中发现“生财之道”，一是通过虚构劳动关系挂靠参保骗取生育津贴；二是生育女职工通过变造生育就医资料，将顺产变造为难产，企图多骗取生育医疗费和

① 该办法已被《珠海市社会保险反欺诈办法》（珠海市人民政府令10号）修正。

生育津贴。社会保险行政部门、公安机关应依法严厉打击此类违法犯罪行为。

以伪造、变造病历、处方、疾病诊断证明和医疗费票据等手段骗取生育保险待遇的，由社会保险行政部门责令退回骗取的社会保险金，处骗取金额二倍以上五倍以下的罚款；对有欺诈行为但未造成社会保险基金损失的单位和个人，可视其情节轻重对单位处以30000元以下的罚款，对个人处以100元的罚款；构成犯罪的，依法追究刑事责任。

本案中，女职工王某某为了达到骗取更多生育津贴的目的，将其生育的疾病证明书及出院记录资料中的诊断顺产改为难产，企图骗取相当于一个月工资的生育津贴。经市社保中心审核及时发现，未造成社会保险基金损失。但其违法行为（未遂）已经发生，为了维护社会保险法律法规的严肃性和权威性，警示广大参保人依法享受社会保险待遇，应当依法给当事人一定的惩戒，因此，根据《珠海市社会保险反欺诈办法》第四十一条之规定，市人社局决定对王某某处以罚款100元。

三、法律依据

1. **《社会保险法》第八十八条**　以欺诈、伪造证明材料或者其他手段骗取社会保险待遇的，由社会保险行政部门责令退回骗取的社会保险金，处骗取金额二倍以上五倍以下的罚款。

2. **《珠海市社会保险反欺诈办法》第十一条**　医疗、生育保险支付环节有下列行为之一的，属于欺诈：

（一）将身份证明、社会保障卡转借他人就医，使用统筹基金结算的。

（二）伪造、冒用他人身份证明或者社会保障卡就医，使用统筹基金结算的。

（三）隐瞒、编造病史，伪造、变造就医资料、票据，或者使用虚假就医资料、票据等，享受医疗、生育保险待遇或者导致基金支出的。

3. **《珠海市社会保险反欺诈办法》第三十四条** 用人单位或者个人有本办法第九条第四项、第十条至第十四条所列行为之一的，由社会保险行政主管部门、社会保险费征收部门或者社会保险经办机构责令改正，并作出如下处理：

（一）对于骗取社会保险参保资格的，由社会保险经办机构取消其非法获得的参保资格，终止其社会保险关系，并由社会保险费征收机构协助清退其社会保险参保资格。

（二）对于骗取社会保险待遇资格的，由社会保险经办机构取消其非法获得的社会保险待遇资格，责令其退回骗取的社会保险金。

（三）对于有欺诈行为但未造成社会保险基金损失的，可视其情节轻重对单位处以三万元以下的罚款，对个人处以一百元的罚款。

（四）对于骗取社会保险待遇或者基金支出的，由社会保险行政主管部门责令退回骗取的社会保险金，处骗取金额二倍以上五倍以下的罚款；拒不退回或者缴纳罚款的，可向人民法院申请强制执行；涉嫌犯罪的，依法移交司法机关处理。

（五）属于社会保险服务机构的，解除服务协议。对有执业资格的直接负责的主管人员和其他直接责任人员，由社会保险行政主管部门建议授予其执业资格的有关主管部门依法吊销其执业资格；对于被取消社会保险服务资格的服务机构和医务人员，由社会保险经办机构向社会公告。

注：《珠海市社会保险反欺诈办法》在2015年12月23日珠海市人民政府八届70次常务会议审议修正，上述条文是修正以前的。

监察员手记：《社会保险法》出台后，本人所在的劳动保障监察机构查处了数宗挂靠参保或者变造生育就医资料骗取生育保险津贴的案件，对此，一是要加强社会保险登记和保险待遇申领时的审核；二是要加大监察执法力度，严厉打击此类骗保行为；三是要加大宣传教育力度，包括对查处的此类案件向社会公布，以案说法，让社会大众知晓违法的法律后果。

案例41

挂靠参保骗取生育保险待遇被追究刑事责任

一、案情简介

2017年5月11日，根据市社保中心移交的线索材料，市人社局组成专案组，立案查处一宗骗取生育保险待遇的案件。经查，2015年5月，高某怀孕，因其未就业，但知晓女职工在用人单位参加社会保险，生育后可申领有关生育保险待遇，便多次请求邻居胡某帮忙，最终胡某同意以其妻子刘某为法定代表人的私营公司为其挂靠参保。2016年1月开始，胡某以该公司职工名义为高某申报参加社会保险，其中申报的生育保险缴费工资105000元，其间，胡某伙同高某伪造了劳动合同并向劳动部门办理了备案手续。2016年2月，高某生育后，刘某向市社保中心提交了伪造的高某劳动合同书、工资发放表等资料，申领生育保险待遇。最终，骗取了生育医疗费用、生育津贴两项共计34.6万元。

在本案调查中，经监察执法人员宣传相关法律法规规定，胡某主动向市社保中心退回骗取的全部社会保险金34.6万元。但因胡某等骗取社会保险金数额巨大，其行为已涉嫌构成诈骗罪，市人社局依法将该案移送至市公安局，同时抄送市人民检察院，要求依法追究相关人员的刑事责任。最终，人民法院判决：胡某犯诈骗罪，判处有期徒刑1年11个月，缓刑2年6个月，并处罚金6万元；刘某犯诈骗罪，判处有期徒刑1年4个月，缓刑2年，并处罚金4万元。

二、案例评析

社会保险基金是百姓的“保命钱”，是社会保险的物质基础，骗取社会保险基金支出损害了社会保险基金的安全。但骗取养老、医疗等保险金或待遇的行为是否属于诈骗公私财物的行为，在实际执法中，这类行为如何适用法律存在认识不一致的情况，有的按诈骗罪追究刑事责任，有的给予行政处罚，有的在追回社会保险金或者待遇后不予处理，对此应通过法律解释予以定性。2014年4月24日，第十二届全国人民代表大会常务委员会第八次会议通过的《中华人民共和国刑法》第二百六十六条的解释，明确骗取养老、医疗、工伤、失业、生育等社会保险金和其他社会保障待遇的，属于刑法所规定的诈骗公私财物的行为，通俗地说就是要按照诈骗罪依法追究刑事责任。

诈骗罪，是指以非法占有为目的，用虚构事实或者隐瞒真相的方法，骗取数额较大的公私财物的行为。

《社会保险法》自2011年7月1日起施行（2018年新修正），根据该法规定，用人单位已经缴纳生育保险费的，其女职工依法享受生育保险待遇，包括生育医疗费用和生育津贴。其中生育津贴为该法新增的待遇，其标准按照女职工所在单位上年度职工月平均工资计发，基本计发天数为98天，其金额大多超过万元。为此，一些不法分子从中发现“生财之道”，通过虚构劳动关系挂靠参保骗取生育津贴，市人社局从社会保险法实施以来查处了数宗此类案件，本案乃骗取金额巨大、性质极其恶劣的典型案例。

本案中，高某最初动机是按照最低缴费工资挂靠参加社会保险，其目的是能够报销生育医疗费（通常约3000元）及最低的生育津贴，如此，骗取社保金数额约一万元。但受托方胡某却从中发现了“商机”，因其妻子刘某注册的私营公司规模较小，未招用全日制员工即没有员工在公司参保，若让高某一人在公司挂靠参保，其生育津贴的计发基数就是高某一人所申报的缴费工资。为此，胡某不但同意让高某挂靠参保，且申报的生育保险缴费工资高达10.5万元，最终骗取生育津贴达34.3万元之巨。

根据相关规定，本案最终查实骗取社会保险金金额34.3万元，在该市属于涉嫌诈骗数额巨大的情形，因此市人社局依法以胡某、高某涉嫌诈骗罪移送公安机关处理。最终，人民法院判决：胡某犯诈骗罪，判处有期徒刑1年11个月，缓刑2年6个月，并处罚金6万元；刘某犯诈骗罪，判处有期徒刑1年4个月，缓刑2年，并处罚金4万元。

三、法律依据

1. **《社会保险法》第八十八条**　以欺诈、伪造证明材料或者其他手段骗取社会保险待遇的，由社会保险行政部门责令退回骗取的社会保险金，处骗取金额二倍以上五倍以下的罚款。

2. **《广东省社会保险基金监督条例》第二十一条**　用人单位应当按照规定办理社会保险登记，如实申报应当缴纳的社会保险费，按时全员足额缴纳社会保险费。

任何单位和个人不得有下列行为：

（一）瞒报、漏报社会保险费缴费基数、人数，或者以发放补贴、签订协议等形式拒不履行社会保险登记、缴费义务；

（二）通过虚构劳动关系、伪造证明材料等方式获取社会保险参保和缴费资格；

（三）伪造、变造个人档案材料、身份证明、病历资料、鉴定意见、支付凭证、信息数据等，骗取社会保险待遇；

（四）违反规定重复领取社会保险待遇；

（五）冒用他人身份和社会保险证明骗取社会保险待遇；

（六）出借本人社会保险证件协助他人或者单位骗取社会保险待遇；

（七）隐瞒丧失领取条件的事实，领取社会保险待遇；

（八）其他侵害社会保险基金安全的行为。

3. **《广东省社会保险基金监督条例》第六十一条** 以欺诈、伪造证明材料、冒用他人证件、虚构劳动关系等手段办理社会保险业务的，社会保险行政部门、社会保险费征收机构、社会保险经办机构不予办理，将有关情况记入其信用档案；情节严重的，处涉案金额一倍以上三倍以下的罚款。

以欺诈、伪造证明材料、虚构劳动关系或者其他手段骗取社会保险待遇的，由社会保险行政部门责令退还已骗取的社会保险待遇，并处骗取金额二倍以上五倍以下的罚款。

4. **《刑法》第二百六十六条** 诈骗公私财物，数额较大的，处三年以下有期徒刑、拘役或者管制，并处或者单处罚金；数额巨大或者有其他严重情节的，处三年以上十年以下有期徒刑，并处罚金；数额特别巨大或者有其他特别严重情节的，处十年以上有期徒刑或者无期徒刑，并处罚金或者没收财产。本法另有规定的，依照规定。

5. 全国人民代表大会常务委员会关于《中华人民共和国刑法》第二百六十六条的解释（2014 年 4 月 24 日第十二届全国人民代表大会常务委员会第八次会议通过）

全国人民代表大会常务委员会根据司法实践中遇到的情况，讨论了刑法第二百六十六条的含义及骗取养老、医疗、工伤、失业、生育等社会保险金或者其他社会保障待遇的行为如何适用刑法有关规定的问题，解释如下：

以欺诈、伪造证明材料或者其他手段骗取养老、医疗、工伤、失业、生育等社会保险金或者其他社会保障待遇的，属于刑法第二百六十六条规定的诈骗公私财物的行为。

监察员手记：《社会保险法》实施以后，生育保险待遇新增了生育津贴，也就是女职工产假期间工资由生育保险基金支付。该项政策有需要检讨之处，因生育保险属于小险种，各地缴费比例大多为 1% 左右，而一个生育女职工的生育津贴大多数在一万元以上，加之计划生育政策的放开，近几年，各地生育保险基金均为出大于入，滚存数年的基金基本都消耗殆尽，人社部于 2016 年开始实施生育保险和医疗保险合并，未免有拆东墙补西墙之嫌，因为这可能损害医疗保险基金的支付能力。因此，建议对该项政策实施情况进行全面调研，科学合理确定缴费比例，力争达到生育保险收支平衡。

案例 42

骗取失业保险待遇被移送公安机关处理

一、案情简介

2017 年 4 月，某区人社局接到该市人社局转办的徐某涉嫌骗取失业保险待遇的材料。区人社局报请领导批准立案调查。

经查，徐某于 2013 年 8 月 9 日入职某公司，任人力资源部绩考主任；2016 年 8 月 6 日，徐某向公司提交辞职报告，公司当日批准其辞职。8 月 10 日，徐某在公司办理离职交接手续时，私自登录市人力资源和社会保障网上服务平台，为其办理离职备案手续，并谎报为“非自愿中断就业”。随后，徐某向市社保中心申领失业保险待遇，享受失业保险金 4801. 5 元、医疗保险个人账户基金 509. 67 元，在领取失业保险金期间报销医疗保险住院待遇 832. 31 元，共计 6143. 48 元。为此，区人社局作出如下处理：一是对徐某下达《劳动保障监察限期改正指令书》，责令其限期退还骗取的全部失业保险待遇；二是以徐某涉嫌诈骗罪移送公安机关处理；三是对某公司的人力资源管理不善提出批评，因其对徐某违法犯罪行为不知情，不予处罚。

二、案例评析

失业保险基金是国家通过立法建立的支付失业保险的资金。主要用于保障失业人员基本生活的支出，包括支付失业保险金，支付领取失业保险金期间的医疗补助金，支付领取失业保险金期间死亡的失业人员的丧葬补助金和其供养的配偶、直系亲属的抚恤金等。失业保险基金由用人单位和职工缴纳的失业保险费、失业保险基金的利息、财政补贴和依法纳入失业保险基金的其他资金构成。失业保险金是社会保险经办机构支付给失业人员的，用于保障其基本生活的，从失业保险基金中提取的资金，是失业人员最主要的失业保险待遇。

一般来讲，中断就业的原因分为两种：自愿失业和非自愿失业，前者指失业人员因自愿离职而导致失业；后者指失业人员不愿意中断就业，但因本人无法控制的原因而被迫中断就业。上述划分方法是英国著名经济学家凯恩斯于20世纪30年代首次提出的。凯恩斯认为，只要消灭非自愿失业，就能够实现“充分就业”，因为自愿失业的责任全在就业者本人，或是出于获得更体面的工作岗位和更优厚工资的考虑，或是出于其他个人考虑，这种离开原工作岗位而暂时失业的现象，理应由个人负责，国家没有必要给他们提供失业保险待遇，他们也没有获得这种待遇的权利。至于非自愿失业，因为这类失业现象的发生责任不在失业者本人，而是由于与失业者本人无关的原因造成的，对于这种失业人员，国家应当为其提供失业保险待遇，失业者也有权利享受失业保险待遇。因此，国际上的一般做法是将自愿中断就业的人员排除在享受失业保险待遇的范围之外。《社会保险法》借鉴国际上经验，将自愿离职而失业的人员排除在享受失业保险待遇的范围之外。

伪造或者变造相关证明材料，享受失业保险待遇或者导致基金支出的，由社会保险行政部门责令退回骗取的社会保险金，处骗取金额二倍以上五倍以下的罚款；构成犯罪的，依法追究刑事责任。

本案中，徐某因个人原因辞职离开用人单位，属于自愿失业，依法不得享受失业保险待遇。徐某作为人力资源管理人员，知晓失业保险相关法律法规规定，非但不知法守法，反而利用能够登录市人力资源和社会保障网上服务平台的权限，在单位不知情的情况下，办理离职备案手续，将自愿失业谎报为非自愿失业，并据此享受相关失业保险待遇。对其违法犯罪行为，依法应当作出责令改正、行政处罚、移送公安机关处理。但在调查取证过程中，徐某极其不配合调查，并有随时离开本市的可能。为防止其逃避刑事制裁，避免因实施行政处罚而拖延移送时机和延误刑事案件的侦查，区人社局根据相关规定，并经集体讨论，最终决定不予行政处罚，直接以涉嫌诈骗罪将该案移送公安机关处理。此外，经调查，某公司并不知晓徐某私自网上谎报“非自愿中断就业”并骗取失业保险待遇的行为，未参与徐某骗保行为，因此不予处罚，但对其人力资源管理不善的情况提出批评，该公司诚恳接受批评，并表示将加强就业登记办理等人力资源管理工作，避免类似情况的发生。

三、法律依据

1. **《社会保险法》第四十五条**　失业人员符合下列条件的，从失业保险基金中领取失业保险金：

（一）失业前用人单位和本人已经缴纳失业保险费满一年的；

（二）非因本人意愿中断就业的；

（三）已经进行失业登记，并有求职要求的。

2. **《社会保险法》第八十八条**　以欺诈、伪造证明材料或者其他手段骗取社会保险待遇的，由社会保险行政部门责令退回骗取的社会保险金，处骗取金额二倍以上五倍以下的罚款。

3. **《珠海市社会保险反欺诈办法》第十三条**　失业保险支付环节有下列行为之一的，属于欺诈：

（一）伪造或者变造相关证明材料，享受失业保险待遇或者导致基金支出的。

（二）隐瞒丧失享受失业保险待遇条件，享受失业保险待遇或者导致基金支出的。

4. **《刑法》第二百六十六条** 诈骗公私财物，数额较大的，处三年以下有期徒刑、拘役或者管制，并处或者单处罚金；数额巨大或者有其他严重情节的，处三年以上十年以下有期徒刑，并处罚金；数额特别巨大或者有其他特别严重情节的，处十年以上有期徒刑或者无期徒刑，并处罚金或者没收财产。本法另有规定的，依照规定。

5. **全国人民代表大会常务委员会关于《中华人民共和国刑法》第二百六十六条的解释（2014 年 4 月 24 日第十二届全国人民代表大会常务委员会第八次会议通过）**

全国人民代表大会常务委员会根据司法实践中遇到的情况，讨论了刑法第二百六十六条的含义及骗取养老、医疗、工伤、失业、生育等社会保险金或者其他社会保障待遇的行为如何适用刑法有关规定的问题，解释如下：

以欺诈、伪造证明材料或者其他手段骗取养老、医疗、工伤、失业、生育等社会保险金或者其他社会保障待遇的，属于刑法第二百六十六条规定的诈骗公私财物的行为。

监察员手记：本案中的徐某作为人力资源管理人员，知晓失业保险相关法律法规规定，非但不知法守法，反而利用能够登录市人力资源和社会保障网上服务平台的权限，在单位不知情的情况下，办理离职备案手续，将自愿失业谎报为非自愿失业，并据此申领失业保险金待遇，骗取失业保险金，其违法行为是令人痛心的。此案也提醒广大用人单位，应加强人力资源管理人员离职管理和做好相关交接工作，否则，若人力资源管理人员离职时利用职务之便从事类似违法行为，尽管用人单位不知情，仍可能会承担相应的法律责任。

参考文献

1.《中华人民共和国劳动合同法释义》，中国法制出版社 2013 年版。

2.《中华人民共和国劳动合同法释义》，中国市场出版社 2007 年版。

3.《中华人民共和国劳动合同法实施条例释义》，中国市场出版社 2008 年版。

4.《中华人民共和国社会保险法释义》，中国法制出版社 2010 年版。

5.《中华人民共和国社会保险法释义》，中国劳动社会保障出版社 2010 年版。

6.《中华人民共和国就业促进法释义及实用指南》，中国民主法制出版社 2007 年版。

7.《劳动保障监察条例释义》，中国工人出版社 2004 年版。

8.《劳动保障监察案例选编》，中国劳动社会保障出版社 2010 年版。

9.《人力资源市场暂行条例释义》，中国法制出版社 2018 年版。

后　记

从2016年开始，国家建立失信联合惩戒制度，具体到单位或相关个人，在遵守劳动保障和社会保险法律法规方面，若因违法行为受到行政处理、行政处罚乃至被追究刑事责任，对违法的单位将实行限制行政许可，限制市场准入，限制新增项目审批核准等联合惩戒；对违法的相关个人将限制出境，限制购买不动产，限制乘坐飞机和高等级列车，限制旅游度假，限制入住星级以上宾馆等联合惩戒。为此，近几年，笔者在工作中也多次接待一些企业，因受到人社部门行政处理、处罚被实施失信联合惩戒，如无法进行项目投标，不能申请政府相关补贴、资助项目等，严重影响了企业的生产经营甚至长远战略发展。而回过头分析这些企业被行政处理、处罚，大部分都是可以避免的，对此我们也非常惋惜和痛心。具体而言，在我市办理的劳动保障监察案件中，近半数行政处罚为因企业对劳动保障法律法规不了解或者误解误读而导致，近三分之一为因企业不配合、不接受劳动保障监察而被行政处罚。因此，我寄希望于通过本书以案释法的方式，让企业今后能够避免类似违法行为而被行政处理、处罚的发生。这是我写作本书的动机之一。

动机之二，乃是近几年，我查处和审理了近200宗社会保险骗保案件，其中行政处罚、移送公安机关的案件有二十余宗。作为执法人员，同时作为一名参保人，我也痛感社保基金流失的严重危害性，因此选取了18个社保骗保案例举案说法，涉及全部五个社保险种，其目的有三：一是希望引起社会舆论的关注和各级政府部门的高度重视；二是对违法犯罪分子起到警示作用，不要以身试法；三是给全国劳动保障监察同行一些查处此类案件的参考借鉴，因为2006年珠海市以地方政府规章的形式在全国率先出台了《珠海市社会保险反欺诈办法》，珠海人社部门开展社保反欺诈工作已十三年多，积累了一些比较成熟的办案经验。

此外，2018年开始的党和国家机构改革，从中央到地方，均单独成立医疗保障局，涉及医疗、生育保险骗保案件的查处将由医保部门负责。据我们统计，医保骗保类案件在社保骗保案件中占大头，其往往涉及金额大，案情复杂，查处难度大。因此，加强医保基金的监管，新成立的各级医保部门任重而道远！如何加强监管，社会共识有三：一是加强预防，堵住骗保漏洞；二是加大医保监察执法力度；三是加大刑事打击力度。个人建议，对于医保部门而言，重点是加大监察执法力度，做到有案必查，有查必果！涉嫌犯罪的，固定相关证据材料，及时移送公安机关处理。这样，方能形成强大的威慑力，才能惩治违法犯罪，才能警示他人，减少最终杜绝医保骗保违法犯罪行为的发生。

图书在版编目（CIP）数据

举案说法：劳动和社会保险行政处罚典型案例评析／文志东编著．—北京：中国法制出版社，2019.10（2020.1重印）
ISBN 978－7－5216－0419－1

Ⅰ.①举…　Ⅱ.①文…　Ⅲ.①劳动就业—社会保障—监察—案例—中国　Ⅳ.①D922.592.5

中国版本图书馆 CIP 数据核字（2019）第173804号

策划编辑　谢　雯　　责任编辑　谢　雯　　封面设计　周黎明

举案说法：劳动和社会保险行政处罚典型案例评析

JUAN SHUOFA：LAODONG HE SHEHUI BAOXIAN XINGZHENG CHUFA DIANXING ANLI PINGXI

编著／文志东
经销／新华书店
印刷／三河市国英印务有限公司
开本／880 毫米×1230 毫米　32 开　　印张／5.875　字数／115 千
版次／2019 年 10 月第 1 版　　2020 年 1 月第 2 次印刷

中国法制出版社出版
书号 ISBN 978－7－5216－0419－1　　定价：39.00 元

北京西单横二条 2 号
邮政编码 100031　　传真：010－66031119
网址：http：//www.zgfzs.com　　**编辑部电话：010－66010493**
市场营销部电话：010－66033393　　**邮购部电话：010－66033288**

（如有印装质量问题，请与本社编务印务管理部联系调换。电话：010－66032926）